阿拉伯国家经贸文化丛书

苏丹经贸文化

TRADE AND CULTURE ON
THE REPUBLIC OF THE
SUDAN

田晓娟 ◎ 编著

社会科学文献出版社
SOCIAL SCIENCES ACADEMIC PRESS (CHINA)

苏丹共和国国旗

喀土穆，苏丹首都，最大的工商业城市，交通枢纽，人口约700万。位于青尼罗河和白尼罗河交汇处。这里气候炎热干燥，最高气温达47.2摄氏度，是世界著名的"火炉"

苏丹喀土穆鸟瞰图

苏丹妇女

苏丹反英斗争——戈登将军的最后一站

喀土穆新国际机场总体视图

  沙漠金合欢树，生长于非洲东部的大草原上，长满了锐利的刺，不同的方向看上去有时候像平顶的伞，有时候看上去像隆起的蘑菇，到了开花的时候，更是花色各异，大约有600个品种，是非洲稀树荒漠的主要树种。金合欢木质坚硬，有些品种内芯为黑色，外皮为白黄色，表皮呈粗糙的褐色，是雕刻的优质原料，非洲多数黑木雕就取材于此

苏丹金字塔

麦埃罗金字塔群

马赫迪木头雕刻像

马赫迪陵墓

阿拉伯树胶

达尔富尔难民
妇女

前　言

　　阿拉伯国家是指以阿拉伯民族为主体所组成的国家，它们使用同一种语言——阿拉伯语，有共同的文化和风俗习惯，绝大多数人信仰伊斯兰教。有些国家虽非以阿拉伯民族为主体，但长期以来与阿拉伯国家建立了紧密的政治、经济、文化、宗教联系，并加入了阿拉伯国家联盟，因此也被称为阿拉伯国家。目前阿拉伯国家共有22个，大都分布在中东地区，包括阿拉伯联合酋长国、阿曼、巴林、科威特、卡塔尔、沙特阿拉伯、也门、巴勒斯坦、黎巴嫩、叙利亚、伊拉克、约旦、阿尔及利亚、埃及、利比亚、摩洛哥、突尼斯、吉布提、毛里塔尼亚、苏丹、索马里、科摩罗。阿拉伯国家总面积约1340万平方公里，总人口约3.5亿（2015年），分别占世界的9%和5%。

　　阿拉伯国家和地区历史悠久，处东西方要冲，具有十分重要的战略地位。中世纪以后的阿拉伯文化融汇古今东西古老文明，将其贯通传承并发扬光大，集合了东西方文明成果的阿拉伯文化包罗万象，博大精深，影响深远。它在时间上处于古希腊罗马文化与西方近代文化之间，因而起到了传承古代和近代文化、影响西方文艺复兴的作用；在空间上处于东西方文化的交汇点上，因而能够构架起东西方文化交流的桥梁。阿拉伯文化虽然只是一种古老的地域文化，但随着《古兰经》的传世和伊斯兰教的传播，经过短短几十年，这一狭小、贫瘠地域的民族文化就焕发出蓬勃的生命力，以一种全新的文化形式（阿拉伯伊斯兰文化）迅速席卷亚非大陆并进而影响世界。发源于阿拉伯半岛、以阿拉伯语和伊斯兰教为代表的阿拉伯伊斯兰文化是当今延续时间长、没有断绝的四大文化体系之一（季羡林先生语）；世界四大文明古国，阿拉伯地区占其二。创传于阿拉伯部落的伊斯兰教及其文化，传播到世界五大洲的各个角落，是 60 多个国家和人民的主要信仰，在全世界 200 多个国家、超过 16 亿人口中享有崇高的地位。著名阿拉伯历史学家纳忠先生曾说："伊斯兰国家在国际事务中，正在发挥着越来越大的作用，对阿拉伯—伊斯兰文化的深入研究，已成为世界各国学者日益迫切的课题。我国正处在一个学术文化繁荣的时期，在这方面的研究工作，理应做出无愧于我国国际地位的贡献。"

中国和阿拉伯国家的友好关系源远流长，中国每一次真正意义上的对外开放，都与中阿关系取得突破性进展有紧密的联系。中国和阿拉伯国家面积约占世界陆地面积的 1/6，人口占世界总人口的 1/4，推动中阿友好合作不断取得新的成果，符合中阿双方的根本利益，也有利于世界和平与发展。2014 年 6 月 5 日，中国国家主席习近平在中阿合作论坛第六届部长级会议开幕式上的讲话中说："回顾中阿人民交往历史，我们就会想起陆上丝绸之路和海上香料之路。我们的祖先在大漠戈壁上'驰命走驿，不绝于时月'，在汪洋大海中'云帆高张，昼夜星驰'，走在了古代世界各民族友好交往的前列。""中阿人民在维护民族尊严、捍卫国家主权的斗争中相互支持，在探索发展道路、实现民族振兴的道路上相互帮助，在深化人文交流、繁荣民族文化的事业中相互借鉴。""经过 10 年发展，论坛已经成为丰富中阿关系战略内涵、推进中阿务实合作的有效抓手。共建'一带一路'是论坛发展的新机遇新起点。抓住这个机遇，才能确保现在的发展不停步，将来的发展可持续。站在这个新起点上，才能获得更大发展空间，才能激发更为持久的发展动力。"中阿合作与交流迎来了千载难逢的黄金期。2016 年 1 月 15 日，在习近平主席出访沙特、埃及、伊朗前夕，中国政府发布《中国对阿拉伯国家政策文件》，这是中阿关系发展史上的里程碑。该文件的发布，不仅显示了中国对中阿关系前所未有的重视程度，更对中阿关系未来发展进行了全面规划，为中阿关系的全面发展和深入合作提供了新动力，必将推动中阿关系再上新台阶。阿拉伯国家和地区，是中国"一带一路"合作倡议走出去的核心区域，也是这一得到国际社会响应的倡议起步成功与否的关键区域。目前，中国发起并实施的"一带一路"倡议得到阿拉伯国家和地区的积极响应，这是中国在 21 世纪进一步深化开放布局与实现民族复兴的重大机遇。中阿经贸文化合作与交流有广阔的前景。"一带一路"是系统工程，民心相通是该工程的文化基础。从这个意义上讲，了解阿拉伯国家及其文化就很有必要。

从文化构成来看，22个阿拉伯国家分布在地中海沿岸，虽属阿拉伯伊斯兰文化圈，但由于受各民族、种族、部落的历史、地理、文化传统及政治、经济、教派等诸多复杂因素影响，文化同中有异，经贸水平参差不齐，各有其特点。从近10年中阿文化交流、经贸合作的情况和中阿友好交流的前景来看，进一步增进中阿相互之间的深入了解刻不容缓，中阿民心相通还有许多工作要做。

为了积极主动地发挥文化研究的优势，服务国家"一带一路"倡议，服务对外开放尤其是对"一带一路"核心区域的开放战略，促进中国对外经贸、文化交流事业的发展，为了推动国内对"一带一路"沿线国家的深入了解，不断提升面向阿拉伯国家的友好交流和对外开放水平，推动中国与阿拉伯国家的经贸文化交流，进一步密切彼此的关切和加强相互沟通，宁夏社会科学院回族伊斯兰教研究所（中东伊斯兰国家研究所）本着深化文化交流、增进彼此了解的目的，立足宁夏回族学、中东伊斯兰国家研究的学科优势，整合资源，以宁夏中青年学者为主，通过广泛联系、联合国内主要从事中东研究的机构和高校院所的专家学者，团结协作，共同承担了编写出版"阿拉伯国家经贸文化丛书"的任务。丛书共计22册，22个阿拉伯国家独立成册，每册10万字左右。丛书将以阿拉伯22个国家的历史、社会发展为线索和背景，图文并茂，采用厚今薄古的方式，全方位介绍当今阿拉伯国家的国情、经贸、文化、中阿交流及其习俗礼仪等各方面知识。突出科学性、知识性、现实性和可读性，为广大读者提供较为系统而全新的22个阿拉伯国家的社会文化知识，为关心并有兴趣的企业家、商人以及从事对外商贸交流的各界人士，提供翔实而可靠的知识信息。过去我们在这方面的研究基础比较薄弱，所以，这套丛书只是国内读者了解阿拉伯文化、阿拉伯国家的一个小小的窗口。今后，随着"一带一路"倡议的深入实施，这方面的成果会越来越多。希望学术界为中阿文化交流，为中阿关系的持续、健康、顺利发展而努力，奉献更多、更好、更深入全面的成果，为中国的和平发展，为世界的和平安定贡献更大的力量。这也是我们不揣浅陋，推出这套丛书的初衷。

主编　马金宝

2017 年 4 月 10 日

目 录

序　言

苏丹，古称努比亚、库施，位于非洲大陆东北部，国土面积约 188.2 万平方公里①。在非洲大陆，苏丹是一个历史悠久、文化灿烂的魅力大国。

苏丹是一个"大河之国"。美丽的尼罗河是苏丹的母亲河，它在苏丹境内自北向南绵延数千公里，孕育出一个千姿百态、气象万千的苏丹。这里民族众多、文化多元，无论在历史上还是在今天，这条大河对苏丹的社会文化生活都起着至关重要的作用，可以这样说，尼罗河赋予了苏丹生命，苏丹也因尼罗河而炫彩夺目。

苏丹是一个"文明之国"。历史学家曾把苏丹称为非洲

---

① 2011 年 7 月 9 日南苏丹正式独立。随着南苏丹成为一个新的主权国家，原来面积约 250.58 万平方公里的苏丹，现国土面积缩减至 188.2 万平方公里。参见《苏丹地理》，中华人民共和国驻苏丹共和国大使馆经济商务参赞处，http://sd.mofcom.gov.cn/article/ztdy/201706/20170602591710.shtml。

1

大陆各文明与中东及地中海之世界古代多元文明交汇往来的"努比亚走廊",创造出丰富灿烂的"努比亚文明"。作为现代苏丹历史源头的努比亚文明,是苏丹历史上浓重的一笔。努比亚历史上建立过三个王国,依次是凯尔迈王国、纳帕塔王国和麦罗埃王国。其中麦罗埃时期的努比亚文明成就斐然。20世纪初,考古学家在麦罗埃城遗址周围发现了堆积如山的铁渣,挖掘了大量的炼铁工具和熔炉,以至于有人将麦罗埃称为"非洲的伯明翰"。大约公元350年,这一王国被阿克苏姆国占领并摧毁,库施王朝灭亡。公元五六世纪前后,基督教文明分别从北方的埃及和南方的阿克苏姆及红海沿岸传入苏丹。随着基督教文明的传入,苏丹出现了"基督教化努比亚文明"的繁荣时期。公元8、9世纪,是努比亚基督教诸王国文化与经济兴盛时期。上流社会竞相模仿拜占庭贵族生活和艺术,融入了古代努比亚传统成分的古典基督教风格或拜占庭风格的教堂、修道院,广布于努比亚尼罗河上游两岸,如著名的法拉斯大教堂。公元9、10世纪以后,苏丹北部地区开始了"努比亚文明的阿拉伯—伊斯兰化"的历史进程,这一进程逐渐地将苏丹北部和中部的居民转变为阿拉伯人,1821年奥斯曼帝国的埃及总督阿里入侵并统治苏丹数十年,这一历史进程得到了重大推进并最终将苏丹变成了整个阿拉伯世界的一部分。19世纪中期,随着欧洲人的到来与英国殖民统治的建立,数十年的英国殖民统治使苏丹走向现代化,与西方世界联系起来。因此,苏丹是一个非洲黑人文明、埃及文明、古代基督教文明、伊斯兰文明、现代西方文明等各种文明的交汇地。

1956 年 1 月 1 日，苏丹宣布独立，成立苏丹共和国。建国以来，苏丹经历了曲折复杂的发展历程。作为一个新兴国家，苏丹面临民族国家统一构建和实现国家政治、经济与社会现代化的历史使命。在此道路上，苏丹人民经历了复杂的政治经济变局、多元的社会文化变迁，以及应接不暇的南北内战与达尔富尔冲突，可谓跌宕起伏、曲折徘徊。国家发展进程一再被延误，直到 20 世纪 90 年代初期，苏丹还是一个经济落后的国家。随着石油经济的快速崛起与南北和解的实现，苏丹的经济与社会进入了一个较好的发展时期。2003 年 4 月，世界银行宣布苏丹是近年来非洲经济发展最为成功的国家之一，国家的经济信誉度也不断提升。2008 年尽管遭受全球金融危机的影响，但是苏丹宏观经济依然保持了较快增长，经济增长率达到 3.0%。2010 年苏丹 GDP 增长率为 2.2%。2011 年南苏丹独立以后，苏丹面临石油收入减少、外部制裁加剧等严峻形势，苏丹经济进入结构调整和战略转型期，政府相继出台多项鼓励对矿业等领域投资的政策法规。苏丹矿业部初步统计数据显示，2016 年该国黄金产量达到 100 吨①。

苏丹和中国的友好关系源远流长。据记载，历史上苏丹的萨瓦金港曾接待过中国唐朝的商船。1959 年 2 月 4 日，中国与苏丹正式建立外交关系。经过半个多世纪的发展，

----

① 《苏丹矿业领域期待更多中国投资》，金融界网站，http：//finance.jrj.com.cn/2017/01/05083521928072.shtml。

中苏两国已形成了长期稳定、内容广泛的友好合作关系，中苏关系堪称南南合作的典范。在政治、经贸、文教、卫生、文化等领域的友好合作富有成效，如中苏石油领域的合作。随着"丝绸之路经济带"倡议的不断延伸，苏丹也成为丝路建设的重点国家。2014年6月5日，中阿合作论坛第六届部长级会议在北京召开。2015年9月1日，苏丹总统巴希尔来华出席中国人民抗日战争暨世界反法西斯战争胜利70周年纪念活动，并与习近平主席举行了会晤。会后，两国元首共同签署了《中华人民共和国和苏丹共和国关于建立战略伙伴关系的联合声明》，并见证了科技领域合作文件的签署。

2016年5月12日，中国-阿拉伯国家合作论坛第七届部长级会议在卡塔尔多哈开幕，这次会议恰逢中国同阿拉伯国家开启外交关系60周年，是继习近平主席于2016年1月对阿盟总部和中东地区进行历史性访问后，中阿双方又一次重要的集体外交活动。苏丹是重要的阿拉伯国家，是与我国共建"一带一路"的重要合作伙伴，这次会议为中苏战略伙伴关系增添了新的内涵。会后外交部部长王毅会见苏丹外长甘杜尔，王毅表示，中国将继续坚定支持苏丹在达尔富尔等问题上的正当利益和合理关切，继续支持中国企业赴苏开展经济合作，希望苏方充分利用中非合作论坛和中阿合作论坛，扩大并加强与中国的合作①。2017年2

---

① 《王毅会见苏丹外长甘杜尔》，中华人民共和国外交部网站，http://www.fmprc.gov.cn/web/zyxw/t1362760.shtml。

月8日，中国驻苏丹大使李连和会见苏丹财政和经济规划部部长巴德尔丁，李大使表示，中国国家主席习近平提出的"一带一路"重大倡议，为中苏双方进一步深化合作提供了重要契机。中方愿与苏方一道，不断拓展各领域务实合作，推动中苏战略伙伴关系持续深入发展。巴德尔丁表示，中国是苏丹重要的战略合作伙伴，苏方愿积极参与合作共建"一带一路"，进一步深化双方各领域务实合作，为两国人民带来更多实实在在的利益。2017年8月26日，中共中央政治局常委、国务院副总理张高丽对苏丹进行正式访问。张高丽副总理是近年来中国访苏的最高级别领导人，这次访问是中苏关系发展进程中一次十分重要的访问。张高丽副总理在会见苏丹总统巴希尔时，表示要在互利共赢、共同发展的大方向下，积极探索符合实际、操作性强的务实合作新思路新办法。要在共建"一带一路"框架下开拓中苏合作新领域，拓展在农业、矿业、港口建设等新领域合作。巴希尔表示，苏方期待将两国油气领域的合作经验复制到其他领域，推动苏中战略伙伴关系发展实现新的突破。

第一章　概况

苏丹位于非洲大陆的东北部，红海西岸，南苏丹独立前，其是非洲面积最大的国家，国土面积 250.58 万平方公里。南苏丹独立后，全国面积 188.2 万平方公里。它东北濒临红海，海岸线长约 720 公里[①]，是非洲仅次于阿尔及利亚和刚果民主共和国的面积第 3 大国，世界面积第 15 大国。

苏丹是一个国土广袤、干旱而炎热的国家。全国气候差异很大，自北向南由热带沙漠气候向热带雨林气候过渡，最热季节气温可达 50℃，全国年平均气温 21℃。常年干旱，年平均降雨量不足 100 毫米。苏丹地处生态过渡带，极易遭受旱灾、水灾和沙漠化等气候灾害。苏丹约有 4032 万人口（2015 年）[②]，喀土穆是其最大城市。

[①]　《世界分国地图 苏丹 南苏丹》，中国地图出版社，2013。

[②]　《苏丹国家概况》，中华人民共和国驻苏丹共和国大使馆网站，http://sd.china-embassy.org/chn/zjsd/zjsd/t1476492.htm。

第一节 自然地理

一 地理位置

"内陆-海洋"型国家。苏丹位于非洲大陆东北部的红海之滨，是一个兼有大陆性与海洋性双重属性的"内陆-海洋"型国家。作为大陆性国家，苏丹内陆纵深上千公里，分别与东非地区的七个国家相毗邻，北邻埃及，西接利比亚、乍得、中非共和国，南毗南苏丹，东邻埃塞俄比亚、厄立特里亚。作为一个具有海洋性气候的国家，苏丹还拥有红海海岸线，它的东北濒临开阔而蔚蓝的红海。红海沿岸一带及附近岛屿有一些城镇和港口。这一地理位置，使得历史上的苏丹，可以通过红海与对岸的阿拉伯世界建立联系。

"大河之国"。苏丹地理结构中有自北向南纵向流经全境的尼罗河，尼罗河在苏丹上游分为青尼罗河与白尼罗河，青尼罗河、白尼罗河历经苏丹在喀土穆交汇，然后蜿蜒北上流入埃及，这条大河无论在历史上还是在今天，对苏丹的社会生活与区域关系的影响都十分重要。

"非洲走廊"。苏丹是非洲—中东地区一个十分重要的国家，它是历史上一个沟通与连接撒哈拉以南非洲大陆、西亚、南亚、地中海欧洲的纽带，因而有"非洲走廊"之誉。

二 行政区划

1956年苏丹独立之初，全国被划分为9个区，区以下

被划分为 18 个省。1989 年巴希尔执政后将全国划分为 9 个
州。1994 年巴希尔颁布共和国令，将苏丹划分为 26 个州
（省），辖 132 个县。其中 16 个为北部州，10 个为南部州。
2011 年 7 月 9 日苏丹分裂为南苏丹、苏丹两个国家。目前，
苏丹全国共有 18 个州，分别是喀土穆州、北方州、尼罗河
州、红海州、卡萨拉州、加达里夫州、杰济拉州、森纳尔
州、白尼罗河州、青尼罗河州、北科尔多凡州、南科尔多
凡州、西科尔多凡州、北达尔富尔州、西达尔富尔州、南
达尔富尔州、中达尔富尔州（2011 年底新设）、东达尔富尔
州（2011 年底新设）。主要城市有迈达尼、苏丹港、阿特巴
拉、欧拜伊德、尼亚拉等。

首都喀土穆是全国政治、经济、文化中心。

三　地貌地形

整个苏丹在未分裂以前，由三面环山的平原组成。苏
丹分裂后，全境为由南向北凹陷的大盆地，北部为沙漠台
地，地势起伏较小；西部是科尔多凡高原和达尔富尔高原；
东南部为东非高原和埃塞俄比亚高原的西斜坡。迈拉山海
拔 3088 米，为全国最高峰。尼罗河南北纵贯全境，青尼罗
河、白尼罗河汇合处的杰济拉平原土壤最为肥沃，是苏丹
的主要农牧业地区。

北部苏丹。处于埃苏边境和喀土穆之间，由沙漠和尼
罗河谷地构成。尼罗河东部是努比亚沙漠，西部是利比亚
沙漠。努比亚沙漠干旱荒凉，沙丘遍布，几乎没有绿洲。
利比亚沙漠有少许降雨，这儿的地下水可到达地表，从而

形成水井，为游牧民、过往行人和政府巡逻人员提供用水。沙漠中有时出现绿洲，如著名的塞利马绿洲和努海拉绿洲。在西北方与利比亚的交界处，矗立着海拔 1934 米的欧韦纳特山和海拔 1716 米的基苏山。穿过沙漠的尼罗河谷，其可供居住的淤积带不足 2 公里宽，河谷地带的生产力取决于尼罗河的年洪水流量。河谷海拔低于 500 米，它是整个苏丹盆地的北部组成部分。

西部苏丹。即达尔富尔和科尔多凡两个地区，占地 85 万平方公里。这里缺乏终年不断的河流，因而人畜生存须依靠水井。该地区人口稀少且分布不均。西达尔富尔平均海拔在 800 米以上，是一个高原。这里有许多高于苏丹盆地 900 米的火山岩丘陵。迈拉山海拔高达 3088 米，是全国最高峰。来自火山岩丘陵的流水给高原上的居民提供了用水。北达尔富尔、东达尔富尔是半沙漠地区，断断续续的溪流（即干河）或冬季通常干枯的水井几乎无法提供用水。科尔多凡高原海拔 500 米~1000 米，东南部是风景如画的山区。

杰济拉三角洲地区。位于中央黏土平原的中心地带，著名的杰济拉灌溉工程就是在这片位于青尼罗河、白尼罗河之间的土地上发展起来的。这一工程旨在种植用来出口的棉花，而且超过国家收入和出口收入一半以上的棉花就是在这里生产的，因而杰济拉是苏丹久负盛名的产棉区。

东南部苏丹。东南部由东非高原和埃塞俄比亚高原的西斜坡构成。

四　气候

苏丹国土广袤，气候差异很大。从整体上讲，苏丹属热带大陆性气候，苏丹全境四季气温变化并不明显，全国年平均气温 21℃，最热季节气温可达 50℃，常年干旱，年平均降雨量不足 100 毫米。苏丹全国各地降水量分布不均，从北向南显著增加，从东到西稍有减少。首都喀土穆有"世界火炉"之称，年平均气温在 30℃ 以上，4~7 月为最热的月份，一般日间气温 40℃，酷热季节气温可达 50℃，地表温度最高可达 70℃。但在个别高海拔地区，寒冷之时气温亦可低到 0℃ 左右。根据各地的气候特点，苏丹大致分为两个气候区：南部为夏季炎热多雨、冬季温暖干燥的热带草原气候区，北部则是高温少雨的热带沙漠气候区，气候干燥，多风沙。

第二节　自然资源

一　水资源

苏丹水资源丰富。根据苏丹与埃及 1959 年签订的《尼罗河协定》，苏丹每年可从尼罗河及支流分得 200 亿立方米的河水，季节性河流及地下水量为 400 亿立方米，加上自然的降水，苏丹人均淡水量达到 5300 立方米，是中国人均淡水量 2200 立方米的 2 倍多[①]。尼罗河一年四季流量充沛，

---

① 贾焰、徐继峰：《中国—苏丹农业合作开发区建设的研究》，《世界农业》2015 年第 8 期。

目前苏丹使用的尼罗河用水配额不足 10%。地下水蕴藏量为 152000 亿立方米，雨季泄洪量为 3130 亿立方米。除了西部的干河、东北部的零星河水流入红海的干河以及东部来自埃塞俄比亚的河流流入红海山丘以西的易蒸发的浅塘外，全国的所有用水都由尼罗河及其两大支流青尼罗河和白尼罗河提供，水资源开发潜力巨大。

尼罗河是世界上最长的河流，全长 6737 公里，干流流经布隆迪、坦桑尼亚、卢旺达、乌干达、苏丹和埃及。总流域面积达 287 万平方公里，它从南到北纵贯整个苏丹，在原苏丹境内的长度约 3300 公里。它既是苏丹灌溉农田的巨大水源，也是连接南北的重要运输动脉，苏丹的一些重要城市都集中在它的沿岸。青尼罗河源自埃塞俄比亚高地，在喀土穆与白尼罗河相汇。青尼罗河是尼罗河两大支流中较小的一支，其水量只占尼罗河水量的 1/6。然而，在 8 月份，埃塞俄比亚高地的雨水使青尼罗河的水量剧增，甚至可占到尼罗河当时总流量的 90%。青尼罗河的两大支流——丁德尔河和拉海德河的源头都在埃塞俄比亚高原，但只有在夏天雨季降水量大时，才有水流入青尼罗河，其余时间，由于流量减少，其沙土河床就只剩下池塘了。白尼罗河从中部非洲向北而流，其源头是维多利亚湖及乌干达、卢旺达和布隆迪高山地带的基奥加湖、蒙博托湖（阿伯特湖）和爱德华湖等湖泊，这些湖相通。由蒙博托湖流出的阿伯特尼罗河穿越崇山峻岭，从南面流入苏丹，汇入杰贝勒河。杰贝勒河与加扎勒河合流后，称为白尼罗河。在白尼罗河向东的短流程中，宰拉夫河加入了它的洪流。然后,白尼罗河滚滚转向北行,在南苏丹的马拉卡勒附近,与从埃塞俄比亚高原流下来的索巴特河汇合。

二 矿产资源

苏丹地域辽阔,矿产资源丰富。2011 年 5 月,苏丹探明可采石油储量约 45 亿桶,但 7 月份南苏丹独立后,石油储量的 75%划归南苏丹。苏丹还拥有金、银、铁、铬、铜、锰、铅、锌、镍、钨等金属矿产,大理石、重晶石、蓝晶石、水泥用灰岩、砾石、硅灰石、石膏、云母、盐和建筑用砂等非金属矿产①。目前已发现金矿矿床 150 多个,探明黄金储量 970 吨,探明铁矿储量 12.5 亿吨,铬矿储量 1 亿多吨。根据苏丹地质局资料,目前在苏丹从事矿产勘察与开发的公司已超过 20 家,主要开发的矿产有黄金、石油、铬矿等。

黄金。苏丹的黄金开采主要集中于红海山区。地矿专家预测,苏丹 46%的国土蕴藏储量丰富的黄金资源,其分布广泛。其开采成本低于石油开采成本,使其成为替代石油的战略性资源。依据矿业管理机构向苏矿业委员会所做的苏丹矿业资源公司半年业绩报告,2016 年上半年苏丹黄金产量超过 45 吨,其中公司产量 7.17 吨,传统部门产量 38.07 吨。报告同时显示,矿业部门的总收入达到 3098.2

---

① 苏艳丽、万全义:《走出去 去苏丹——苏丹共和国矿产资源及其投资政策环境分析》,《世界有色金属》2013 年第 12 期。

亿苏丹镑（按官价约合 508.5 亿美元），同比增长 130%[①]。

石油。南苏丹独立以后，原苏丹四分之三的石油资源现在位于南苏丹境内。而处于南苏丹、苏丹之间的阿卜耶伊地区（中石油在南苏丹最大产油区 1/2/4 区块所在地）拥有丰富的地下石油，南苏丹、苏丹至今仍没有确定这一地区的边界。除此之外，苏丹还蕴藏着储量巨大的天然气资源，2004 年探明储量约为 910 亿立方米。

铬矿。铬矿在因吉散纳山区开采。主要由苏丹矿业公司的分公司因吉散纳山区矿业公司完成，剩余由一家私营公司完成。铬矿石主要出口到日本和西欧。因吉散纳山区还发现了石棉，其有很高的商业价值。

三　植物资源

苏丹分裂之前，拥有森林面积 6400 万公顷，占全国面积的 23.3%。苏丹分裂后，苏丹森林面积有一定程度的减少，但其自然优势也不容忽视。林业资源中最重要的是阿拉伯胶树，其是苏丹重要的出口创汇商品。苏丹还盛产优质棉花、花生和芝麻等经济作物，以及小麦、玉米、谷子和高粱等粮食作物。花生产量居阿拉伯国家之首，在世界上仅次于美国、印度和阿根廷。芝麻产量在阿拉伯和非洲国家中居第一位，出口量约占世界的一半。

---

① 《苏上半年黄金产量超过 45 吨》，中华人民共和国驻苏丹共和国大使馆经济商务参赞处网站，http：//sd. mofcom. gov. cn/article/ztdy/201607/20160701357414. shtml。

阿拉伯胶树。苏丹有 2000 多年的种植阿拉伯胶树的历史，由于其所产阿拉伯树胶质优量稳，产量占世界产量的80%，苏丹是世界阿拉伯树胶的最大生产国，其也是苏丹出口创汇的最重要林产品，在国民经济中占有重要的地位。因此，苏丹享有"阿拉伯树胶王国"的美称。阿拉伯树胶的主要产区在科尔多凡高原和达尔富尔高原。它还是制药业、玻璃业、糕点及饮料、粘贴材料等最重要的原材料。目前，苏丹可提供三类优质阿拉伯树胶：纯胶、干净胶和颗粒胶。

棉花。苏丹的主要棉花品种有四种，各种棉花每年的总产量估计在 100 万吨左右。棉花既是苏丹的主要农产品，也是苏丹出口商品的主要品种。

花生。又被称作"苏丹豆"，它和阿拉伯树胶、棉花、芝麻一起并称"苏丹的四大经济支柱"。

椰枣。苏丹椰枣既是食品，也可以酿酒，其含糖量高达 40%，主要产区在北部和西部地区。

芝麻。它是苏丹人食用油的重要原料和出口作物，苏丹芝麻的产量在非洲国家产量的前列。

此外，苏丹还有玉米、食油、木槿花、糖、棉纱、西瓜籽、蔬菜、水果、烟草、化妆染料、天然肥料、番泻豆、乳香胶、棉短绒、淀粉、葡萄糖、奶酪、豆类、药用香草等植物类主要出口产品。

四　野生动物资源

苏丹动物资源在阿拉伯国家中名列第一，在非洲国家中位列第二。其被誉为最富有的"非洲国家野生动物园"。特别是苏丹沙漠地区、热带草原和森林中生存着种类繁多的野生动物,主要有狮子、大象、犀牛、斑马、羚羊、长颈鹿、豹、猴、狒狒、鸵鸟、鳄鱼、蟒蛇等。苏丹最著名的丁德尔国家公园是世界第二大天然动物园,面积达7123平方公里,园内生活着上述野生动物。

第三节　人口与语言

一　人口

苏丹人口分布相对集中。据统计,全国约有4032万人口,其中喀土穆及周边约有700万人,其他人口较多的城市有迈达尼、苏丹港、阿特巴拉、达马津等。目前,约有7000名中国公民在苏丹工作、生活,主要集中在喀土穆生活,参与大型承包工程项目建设①。目前的人口密度是每平方公里22.7人左右,但苏丹的人口分布很不均匀,首都喀土穆地区和重要农业区杰济拉地区,只占全国面积的11.8%,但集中了全国大约17.4%的人口。快速的人口增长是造成苏丹人均国民收入增长缓慢的重要原因。苏丹人口有着明显的年轻化特点。内战和疾病导致国内人口分布产生了重大变化,一些地区的人口过剩使当地无法提供足够的服务和就业机会。而且苏丹承受着持续的"人才流失",

---

① 《苏丹国家概况》,中华人民共和国驻苏丹共和国大使馆网站,http://sd.china-embassy.org/chn/zjsd/zjsd/t1476492.htm。

国内优秀的专家和熟练工人大量移居国外，与此同时却流入了上百万难民，这些难民不仅缺乏技术而且需要大量救济。此外，干旱引起的环境恶化也加剧了苏丹的人口问题。

二 语言

南苏丹独立以前，苏丹有近600个族群讲着400多种语言和方言，可谓纷繁复杂。苏丹的语言分属三个语系，即阿非罗-亚细亚语系（即闪-含语系）、尼日尔-科尔多凡语系和尼罗-撒哈拉语系。每一个语系都有一些语族，而每一个语族又可以细分为一些密切相关的语支。苏丹三大语系至少都有两个以上的主要语族。就其有效分类和内部分支而言，其9个主要分支中的8个以及许多次要分支都出现在苏丹。大约有75种苏丹语言被认为属于尼罗-撒哈拉语系，这些语言中的大部分只被小的部落使用，仅有六七种语言的使用人数达到或超过苏丹独立时人口总数的1%。南苏丹独立后，阿拉伯语、贝贾语的使用人数在苏丹语言使用人数的排名中是比较靠前的。在这样的多样化语言国家中，语言差异已经成为人们正常交流的障碍，但随着苏丹混合语的出现，一些地区中相当大程度的多语言使用情况已经逐渐被人们克服。下面是苏丹主要语言的使用和分布情况。

阿拉伯语。属闪-含语系中闪米特语族的北阿拉伯语支，是苏丹的官方通用语言，也是苏丹近一半居民的本族语。除阿拉伯各部落以外，大部分努比亚人、贝贾人、努巴人和富尔人都能讲这种语言。因此，约70%的苏丹人会讲阿拉伯语。苏丹的阿拉伯语在词汇及语音方面稍微有别于埃及和亚洲其他阿拉伯国家，其形成了自己的阿拉伯语方言。同时，每个阿拉伯部落也有自己的口音。现代标准阿拉伯语在苏丹只被中央政府、出版业和苏丹国家广播电台所使用。

努比亚语。属阿非罗-亚细亚语系闪-含语族，大约有1200万人使用，他们主要分布于苏丹北部，许多人把它当作第二语言。古代努比亚人创造过努比亚象形文字，但今天已无人能够译读。随着漫长的历史变迁，努比亚语虽然逐步吸收一些阿拉伯语词汇，但仍然顽强地保留了其原有的面貌，至今仍被努比亚人所使用。努比亚语有两种方言，一种是栋古拉方言，另一种是马哈斯方言，两种方言差别不大。

贝贾语。属阿非罗-亚细亚语系库施特语族，有50余万人使用，他们主要分布于靠近红海的卡萨拉州。事实上，贝贾人在文化上已有相当程度的阿拉伯化，大部分人已经通晓阿拉伯语，但作为他们的民族语言的贝贾语仍被保留至今。可以说，大多数说贝贾语的人都是操双语者，即能说阿拉伯语或提格雷语。不同的贝贾部落所操的方言不尽相同。

富尔语。属尼罗-撒哈拉语系富尔语族，约38万人使用，使用者分布于西部的南达尔富尔州、北达尔富尔州。富尔人除了使用阿拉伯语外，仍然保留了本民族的语言富尔语。

马萨里特语。属尼罗-撒哈拉语系马巴语族，约12万人使用，使用者分布于西达尔富尔州的达尔马萨里特地区和南达尔富尔州。说马萨里特语的大多数人为操双语者，他们也能说阿拉伯语。达尔马萨里特地区的方言跟尼亚拉地区的方言有差别。

扎加瓦语。属尼罗－撒哈拉语系撒哈拉语族，约 11 万人使用，使用者分布于西达尔富尔州，并散布于该州南部较远地区。说扎加瓦语的人大多数信奉伊斯兰教；其部落为半游牧部落，其也能说阿拉伯语。方言有比德亚特和贝尔蒂两种。

富拉尼语。属尼日尔－科尔多凡语系尼日尔－刚果语族。在苏丹称作"巴吉尔米富尔富尔德语"，近 10 万人使用，使用者分布于西北部马尤尔诺地区。口语受阿拉伯语影响较大。许多说巴吉尔米富尔富尔德语的人，还能说阿拉伯语；有些人把豪萨语或宋盖语用作第二语言。

英语。英语是苏丹的通用语言，在知识阶层中广为流行。目前，苏丹国家广播电台对内、对外均有英语节目，国内发行若干英文报刊。

混合语。苏丹有好几种混合语，许多人成了名副其实的操多种语言者，他们在家里说流利的本族语，在其他场合说一种或多种混合语。阿拉伯语是苏丹的首要混合语，因为它是官方语言，也是伊斯兰教语言。苏丹还有许多地方性和部落性的语言，但使用人数都很少，一般只有几万人或十几万人，其中使用人数稍多的语言有邦戈语、迪丁加语、伊尼芒语、卢沃语、莫鲁语、穆尔莱语、塔马语、特加利语、图尔卡拉语①等。

---

① 参见黄长著主编《各国语言手册》，重庆出版社，2000，第250～254 页。

第四节　历史沿革

　　苏丹是一个拥有厚重历史的国家。早在 4000 年前就有原始部落居住。公元前 2800 年至公元前 1000 年为古埃及的一部分。公元前 750 年努比亚人在苏丹建立了库施王国。公元 6 世纪苏丹进入基督教时期。13 世纪阿拉伯人征服苏丹，伊斯兰教得以迅速传播，在 15 世纪出现了芬吉和富尔伊斯兰王国。16 世纪，苏丹被并入奥斯曼土耳其帝国势力范围。17 世纪富尔人建立科尔多凡王国和达尔富尔苏丹国。英国于 19 世纪 70 年代开始向苏丹扩张。1881 年，苏丹宗教领袖穆罕默德·艾哈迈德领导群众开展反英斗争，于 1885 年建立了马赫迪王国。1899 年苏丹成为英国和埃及的共管国。1953 年建立自治政府。1956 年 1 月 1 日宣布独立，成立共和国。1969 年 5 月 25 日，尼迈里军事政变上台，改国名为苏丹民主共和国。1985 年 4 月 6 日，达哈卜军事政变上台，改国名为苏丹共和国。1986 年 4 月苏丹举行大选，萨迪克·马赫迪出任总理。1989 年 6 月 30 日，巴希尔军事政变上台，成立"救国革命指挥委员会"（简称革指会）。1993 年 10 月，革指会解散，巴希尔改任总统至今，并在 1996 年、2000 年、2005 年、2010 年和 2015 年五次连任。2010 年 4 月，苏丹举行了全国大选，巴希尔再次当选总统。根据苏政府与南方反政府武装苏丹人民解放运动双方于 2005 年 1 月 9 日签署的《全面和平协议》（CPA），苏丹南方于 2011 年 1 月 9 日就是否独立问题举行公投，公投结果为

98.83%的选民支持南方独立。2011 年 7 月 9 日，南苏丹共和国独立建国。2015 年 4 月，苏丹再次举行大选，巴希尔第五次连任总统。

一 努比亚文明与库施王朝

作为现代苏丹历史源头的努比亚文明，是苏丹历史上浓重的一笔。考古研究表明，大约在公元前 8000 年，属于新石器文明的人们已经在苏丹境内尼罗河两岸生活。这些早期居民，是古代努比亚人的祖先，他们的生活主要以谷物采集和家畜饲养为主。尽管古代努比亚文明出现的时期很早，但是人们知之甚少。最早记载努比亚文明和库施王朝的内容主要出现在记载埃及法老征服掠夺努比亚财富和人口的文献中。有史为证，一份公元前 3000 年的埃及原始资料把从第一瀑布开始成为库施的上游地带描述为"苦难之地"，但实际上，这里是遍布黄金、香料、牛羊的富饶之地。努比亚历史上有三个库施王朝，分别是凯尔迈王国（约公元前 1800~前 1500 年）、纳帕塔王国（约公元前 800~前 300 年）、麦罗埃王国（约公元前 300~公元 350 年）。

二 基督教努比亚诸王国

大约在公元五六世纪前后，基督教文明分别从北方的埃及和南方的阿克苏姆及红海沿岸传入努比亚地区。麦罗埃王国灭亡后，苏丹逐渐出现了几个地方的王国：北方的诺巴德，定都发拉斯；中部的墨库拉，定都栋古拉；南部

15

的阿勒瓦，定都索巴。大约在公元6世纪中期，这些王国开始信奉基督教。6世纪晚期以后，基督教及希腊-拜占庭帝国在努比亚的影响日益明显。公元8、9世纪，是努比亚基督教诸王国文化与经济兴盛时期。上流社会竞相模仿拜占庭贵族生活和艺术，融入了古代努比亚传统成分的古典基督教风格或拜占庭风格的教堂、修道院，广布于努比亚尼罗河上游两岸，如著名的法拉斯大教堂。与此同时，崛起的阿拉伯帝国已经逐渐渗透到努比亚地区，通过《巴克特条约》，阿拉伯人在努比亚地区自由贸易和自由通婚，努比亚人已无力对抗阿拉伯人的渗透。公元12世纪以后，虽然基督教努比亚王国还保持着政治上的独立，但面对北方伊斯兰教势力的逐渐扩张，南方的基督教王国越来越难以维持自己的地位，15世纪，苏丹的基督教王国完全衰落。

三 芬吉王国和富尔素丹王国

16世纪以后，在苏丹境内兴起了两个信奉伊斯兰教的国家，即北部地区的芬吉王国和西部地区的富尔素丹王国。芬吉王国位于努比亚第三瀑布附近的森纳尔地区，国王自称素丹。16世纪中期，芬吉王国控制了从第三瀑布到南方热带雨林广大地区的众多诸侯国和部落地区，主要依靠部落酋长进行治理。17世纪中叶是芬吉王国的强盛时期，18世纪以后，持续不断的内战和防卫需求消耗了国家资源，19世纪初期芬吉王国名存实亡。与此同时，富尔素丹国在西部地区兴起，其以骑射著称，18世纪时期与芬吉王国争夺过科尔多凡地区的控制权，19世纪由于内乱而衰落。

四 埃及统治下的苏丹

1821 年，为掠夺黄金、象牙，埃及总督穆罕默德·阿里入侵苏丹。埃及的入侵打破了苏丹各地区的独立状态，给苏丹社会带来重大变化。埃及征服苏丹后，该地区的行政体制较以前有很大变化，它结束了苏丹地方分裂、各自为政、小国并列的局面，各地区统一听命于苏丹总督。国家被划分为若干由穆迪尔（省长）管辖的省份，穆迪尔再任命地方长官，各地方长官则由部落酋长协助，进行管理。穆罕默德·阿里的入侵打开了南北交往之门，也打开了南方通向世界之门。尤其是 19 世纪奴隶贸易使苏丹南方与北方有了密切的关系。苏丹的奴隶贸易主要是北方阿拉伯人从事的贩卖黑人奴隶的活动，黑人奴隶大多被贩卖到埃及和中东地区。奴隶贸易的盛行给南北关系留下了深深的阴影，它给南方带来深重灾难，使南方人口锐减，生产停滞，人们的正常生活被打乱，也播下了南北仇恨的种子。

五 马赫迪起义

1874 年，埃及总督赫迪夫委任英国军官查尔斯·乔治·戈登出任苏丹赤道省的总督。1877 年，戈登出任整个苏丹的总督。他在苏丹的六年间，致力于打击奴隶贸易。1880 年，戈登递交辞呈，离开苏丹。在他的继任者拉乌夫治下，苏丹的奴隶贸易又恢复了过去的规模。1881 年，苏丹宗教领袖穆罕默德·艾哈迈德宣布自己是马赫迪（伊斯兰信徒所期待的救世主），号召人民进行"圣战"，驱逐外国侵略者，建立"普遍平等，处处公正的美好社会"。1883
年11月，反抗军集中4万多优势兵力，一举歼灭英军1万
多人。英国重新起用戈登，戈登再次回到苏丹。1884年2
月18日，戈登抵达喀土穆。1个月后，马赫迪军队完成对
喀土穆的包围。1885年1月26日，反抗军攻陷首都喀土
穆，杀死戈登。1885年6月，马赫迪病逝。阿卜杜拉·伊
本·穆罕默德（约1846~1899年）继位，称哈里发（伊斯
兰教国家元首），他成为马赫迪国家的新领袖，首都恩图
曼。1896年，英国殖民军再次向苏丹发动进攻。1898年4
月，喀土穆陷落，英国重占苏丹。阿卜杜拉率残部退守科
尔多凡省，直至战死。1898年9月，英军在恩图曼战役中
获胜。1899年1月，英国与埃及签订《英埃共管苏丹协
定》，英埃共管苏丹，苏丹总督由英国人担任，只在名义上
由埃及任命。

六 20世纪苏丹独立运动时期

1945年底，苏丹民族党成立，主张通过与英国协商获
得独立。1948年，苏丹人民抵制殖民当局所组织的立法会
议选举。工人不断展开大规模罢工。1950年11月，苏丹工
会联合会成立。1951年10月，埃及宣布废除1899年《英
埃共管苏丹协定》，苏丹人民示威游行，要求英国撤军和苏
丹独立。1954年1月，民族联合党在议会选举中获胜，组
成苏丹民族政府。1955年12月，苏丹议会上下院通过宣布
独立的决议。12月31日议会通过临时宪法。1955年，南、
北苏丹发生冲突，第一次苏丹内战爆发。1956年1月1日，

苏丹正式宣布独立，成立苏丹共和国。1969 年 5 月 25 日，加法尔·尼迈里上校发动军事政变夺取政权，改国名为"苏丹民主共和国"。1972 年，第一次苏丹内战结束。1983 年，南、北苏丹再度发生冲突，第二次苏丹内战爆发。1985 年 4 月 6 日，达哈卜将军发动军事政变推翻尼迈里政权，成立过渡军事委员会。1985 年 12 月 15 日，将国名改为"苏丹共和国"。1986 年，苏丹举行大选，萨迪克·马赫迪出任总理。1989 年 6 月 30 日，苏丹再次发生军事政变，以奥马尔·哈桑·艾哈迈德·巴希尔上校为首的军人，推翻了萨迪克政府，成立救国革命指挥委员会。随着巴希尔军政府的建立，苏丹历史进入了一个崭新的时期。

七 巴希尔统治时期

2000 年 12 月，巴希尔连任总统。2003 年 7 月，达尔富尔冲突爆发。2005 年 7 月，巴希尔再次连任总统。2005 年，第二次苏丹内战结束。2010 年 4 月 11 日，举行全国大选，虽然选举公正性备受质疑，但其被视为苏丹转型为民主社会的第一步，也是促成南苏丹独立的一大进程。2010 年 4 月 26 日，奥马尔·巴希尔在苏丹大选中获胜，连任总统。2011 年 1 月 9 日举行南苏丹独立公投，98.83% 的有效票赞成独立。2011 年 7 月 9 日，南苏丹正式独立，成为一个新的主权国家。原面积约 250.58 万平方公里的苏丹，在南苏丹独立后，现国土面积缩减至 188.2 万平方公里。2014 年以来，巴希尔总统倡议开展全国对话，积极推进国内和解。2015 年 4 月，苏丹举行大选，巴希尔以 94.05% 的得票率成功连任，第五次连任总统。

第五节　政治制度

在 1956 年苏丹独立以来的半个多世纪，苏丹经历了三届文官政府统治时期（分别是 1956～1958 年、1964～1969 年、1985～1989 年）和三届军人政府统治时期（分别是 1958～1964 年、1969～1985 年、1989 年至今）的交替过程。总体上说，频繁的政权更替与动荡的政局使当代苏丹的国家体制与政治结构复杂多变。我们将从宪法、议会、司法、政府、政党、政要等多方面了解苏丹的政治制度。

一　宪法

自独立以来，苏丹已经先后制定了五部宪法。1955 年 12 月，苏丹议会通过了临时宪法。这是苏丹现代史上第一部宪法，它是在英国殖民政府的影响下制定的，具有明显的英国式政治制度的色彩。1973 年宪法是在 1973 年 4 月 11 日由苏丹人民议会通过的，5 月 8 日，经尼迈里总统批准，称为"永久宪法"。该宪法规定：苏丹共和国改为苏丹民主共和国，是一个"民主、社会主义和统一的共和国"，是"阿拉伯人和非洲两个实体的一部分"。1985 年 10 月苏丹政府颁布了过渡性的临时宪法，即 1985 年宪法。1986 年 4 月 26 日，苏丹通过大选成立了制宪会议。该宪法于 1989 年 6 月 30 日废止。巴希尔政府执政后，宣布冻结 1985 年宪法。在全国委员会正式建立后制定并通过公民投票表决通过了新宪法，即 1998 年宪法。1998 年 6 月 30 日，苏丹颁布并实行新宪法，规定苏丹是多种族、多文化、多宗教国家，国家实行建立在联邦制基础上的非中央集权制；总统是国家主权的最高代表和军队最高统帅，拥有立法、司法、行政最高裁决权，由全民选举产生，任期 5 年，可连选连任一届；议会为立法机构；司法独立；确立言论、结社自由原则和政治协商原则；宗教信仰自由，各宗教平等相处，南北方公民与义务平等。2002 年 4 月，全国大会党协商会议就修宪问题做出决定，取消总统任期两届的规定，可连选连任。到 2005 年 7 月 9 日，巴希尔总统和第一副总统约翰·加朗联合签署了成立苏丹民族团结政府的过渡期宪法。过渡期为 6 年，过渡期内苏丹保持统一，实行"一国两制"，建立南北两套立法系统。南方成立自治政府，北方保持建立在伊斯兰法基础上的政府机构，过渡期后南方可行使民族自决权。南苏丹独立建国后，过渡期宪法已不再适用。目前苏丹国民议会正在讨论制订新宪法。

二　议会

根据 1998 年颁布实施的宪法，国民议会为苏丹国家立法机构，75% 的议员由直选产生，25% 由社团、组织间接选举产生，议长由第一次议员大会选举产生，每届议会任期 4 年。第一届议会于 1996 年 4 月 1 日成立，共有议员 400 人，议长为哈桑·阿卜杜拉·图拉比。2000 年 12 月，苏丹选举产生新一届议会，2001 年 2 月 5 日，艾哈迈德·易卜拉欣·塔希尔当选议长。2005 年 8 月 31 日，苏丹选举产生新一届过渡期国民议会，共有议员 386 人，塔希尔连任议长。2010 年 4 月，苏丹进行了包括国民议会在内的全国大选，塔希尔再次连任。现任议长为易卜拉欣·艾哈迈德·奥马尔。

三 司法

苏丹现行的司法制度是历史演变的结果，它由伊斯兰教法、英国殖民统治时期植入的英国法律、苏丹土著部落传统习惯法等众多因素混杂而成。在英国殖民地时代以前，苏丹的司法管理权由宗教界和世俗统治者分享。南苏丹独立以前，大多数案件由称为"卡迪"的伊斯兰法官审理，这些法官由逊尼派伊斯兰法律学校培养。但是，针对政府的犯罪则由国家统治者亲自审理，当然统治者在做出判决时，往往要听取他的宗教法律顾问，即沙里亚法专家"大穆夫提"的建议。在以穆斯林为主体的居住区，结婚、离婚、遗产和家庭纠纷等涉及个人身份的案件由沙里亚法庭做出判决。地方法庭通常由酋长或首领来负责。除了审判涉及居民个人权益的案件外，宗教法庭和传统法庭审理诸如土地所有权、放牧权以及部族之间纠纷的案件。虽然伊斯兰教法是苏丹法律制度的基础，但英国的殖民统治也给苏丹留下了一笔影响广泛的法律遗产，而它与伊斯兰教法的关系也一直较为复杂。殖民地时期，英国司法判例在苏丹司法实践中往往有重要影响，加之大多数苏丹律师和法官也是由英国培养的，因此在现实生活中，对苏丹法律最重要的影响还是来自英国。2011 年南苏丹独立以后，作为南北方冲突之一的司法制度问题也迎刃而解。目前，苏丹设高级司法委员会。其下设最高法院和总检察院。首席法官为贾拉勒丁·穆罕默德·奥斯曼，总检察长为欧麦尔·艾哈迈德·穆罕默德。

四　政府

苏丹政府由总统直接主持，总理负责领导政府事务。2005年9月20日，由南北双方联合执政、其他党派参政的民族团结政府成立，并于2007年12月、2008年2月、2009年5月、2010年6月、2011年12月和2012年6月六次改组。现政府于2017年5月成立，主要成员如下：总统奥马尔·哈桑·艾哈迈德·巴希尔，第一副总统兼总理巴克利·哈桑·萨利赫，副总统哈赛卜·穆罕默德·阿卜杜拉赫曼。总统助理共5人：第一总统助理穆罕默德·哈桑·奥斯曼·米尔加尼、易卜拉欣·马哈茂德·哈米德、穆萨·穆罕默德·艾哈迈德、阿卜杜拉赫曼·萨迪克·马赫迪、易卜拉欣·穆罕默德·塞努西。

五　政党

苏丹的现代政党最早出现在英国殖民统治时期。独立之初的第一届文官政府，是由当时的政党竞选产生的。但在随后的几十年中，苏丹发生多次军事政变。在军人执政时期，政党或被禁止活动，或名存实亡。而在文官执政时期，政党又在国家的政治生活中发挥积极作用。1989年巴希尔政变之前，苏丹注册的政党有45个。巴希尔上台后，禁止了所有政党的活动。尽管如此，在整个20世纪90年代，在党禁政策下苏丹的许多政党仍然进行着地下活动，但影响力较小。直到 1999 年 1 月 1 日，巴希尔政府开始实施开放党禁的《政治结社组织法》，允许党派注册后活动。截至目前，苏丹全国约有 30 个政党进行了注册。主要有全国大会党、乌玛党、民主联盟党、全国伊斯兰阵线、苏丹共产党、苏丹人民解放运动、民族民主联盟、苏丹复兴社会党、民族救国力量联盟、苏丹社会主义人民阵线、苏丹工会总联合会、苏丹妇女联合会、苏丹青年联合会、苏丹农民联合会、苏丹全国团结友好和平委员会等政党。

六　政要

总统奥马尔·哈桑·艾哈迈德·巴希尔，1944 年 1 月 1 日出生于苏丹北部尼罗河省的一个农民家庭。1960 年高中毕业后考入瓦迪西纳军事学院，1966 年毕业后先后在西部军区、空降部队和独立第八步兵旅服役。曾获苏丹指挥参谋学院军事学硕士学位及马来西亚国家军事学院硕士学位。1989 年 6 月 30 日发动军事政变前任第八步兵旅准将旅长，政变成功后任救国革命指挥委员会主席，兼总理、国防部部长和武装部队总司令，并晋升为中将。1993 年 10 月改任总统。1996 年、2000 年、2005 年、2010 年和 2015 年在大选中五次连任。曾于 1990 年、1995 年和 2011 年三次访华。2005 年 4 月出席亚非峰会期间，同时任国家主席胡锦涛进行了会晤。2006 年 11 月来华出席中非合作论坛北京峰会。2015 年 9 月来华出席中国人民抗日战争暨世界反法西斯战争胜利 70 周年纪念活动。

七 南北内战

苏丹南北内战分为两个阶段：第一阶段是 1955～1972 年，即第一次内战；第二阶段是 1983～2005 年，即第二次内战，也称新内战。苏丹两次内战都属于当今世界历时最长、产生原因最复杂、冲突解决最棘手的内战。苏丹南北方在宗教、种族、认同、殖民遗留、国家权力分配、环境资源及外部影响等方面存在的差异与矛盾导致了两次内战的爆发。首先，由于宗教和种族原因，苏丹南北方在宗教信仰和种族上差异很大，北方人民大多是阿拉伯人，信仰伊斯兰教，南方人民大多是黑人，信仰基督教或当地传统宗教，穆斯林主导的中央政府意图向南方的非穆斯林人民实施按伊斯兰教法制定的法律，可以说北方伊斯兰教和南方基督教的冲突对内战的爆发、进程及未来走向都有根本性的影响，成为引发内战的主要原因。其次，由于历史文化原因，英国人殖民苏丹时，把南方与北方分开管治，英国人不允许北方阿拉伯人出任南方重要官职，也不鼓励南北方之间的贸易。1946 年，英国在苏丹北方的压力下退让，把南北两地结合在一起。阿拉伯语成为南方的行政语言，北方人开始出任南方重要官职。南方受过英语教育的精英阶层被排挤在管治他们的政府之外，因而对这种转变不满。在 20 世纪 50 年代苏丹过渡独立的时期，南方领袖甚至未被邀请参与谈判。1954 年，苏丹成立了没有南方代表在内的"苏丹化委员会"，任命苏丹人取代英国官员，在大约 800 个高级行政职位中，仅 6 个由南方人担任，这令南方人更加不满。1955 年爆发的第一次苏丹内战，到 1972 年南北双方签订《亚的斯亚贝巴协定》才结束。按照《亚的斯亚贝巴协定》，同意南部实行区域自治。苏丹南部出口的收益归南方自治区所有。20 世纪 70 年代末，苏丹南方发现石油，此后北方政府企图控制南方石油，这导致南北关系恶化，北方对石油的欲望成为后来取消南方自治的重要诱因。1983 年，苏丹总统加法尔·尼迈里宣布废除《亚的斯亚贝巴协定》，取消南方自治，并在全国实施伊斯兰教法，这引起在南方占大多数的非穆斯林居民的不满，引发第二次内战。

八 达尔富尔问题

达尔富尔地区位于苏丹西部，自北至南依次与利比亚、乍得、中非等国毗邻，面积 25 万平方公里，分为北达尔富尔州、南达尔富尔州、中达尔富尔州、西达尔富尔州和东达尔富尔州五个州，共 600 万人。这里居住着包括阿拉伯人、富尔人和黑人等在内的 80 多个部族，其中信奉伊斯兰教的阿拉伯人多居住在北部，而信奉基督教的土著黑人则住在南部。20 世纪六七十年代，随着人口膨胀、放牧过度，这里的荒漠化现象不断加剧，惯于逐水而居的阿拉伯牧民被迫南迁，并因争夺水草资源与当地黑人部族发生冲突。长期以来，达尔富尔地区部族间的武装冲突不断，致使该地区的许多地方一直处于无政府的混乱状态。近年来，随着达尔富尔地区石油等矿产资源不断被开发，部族之间为争夺资源的斗争日趋激烈，一些邻国也以各种形式卷入其中。

2003 年 2 月，达尔富尔地区黑人居民相继组成"苏丹解放军"和"正义与平等运动"两支武装力量，以政府未能保护土著黑人的权益为由，要求实行地区自治，与政府分享权力与资源，并不断攻城略地，展开反政府武装活动。迄今，冲突已造成 1 万多人丧生，100 多万人流离失所。美国等西方国家借此指责苏丹政府纵容、支持达尔富尔地区阿拉伯民兵组织"金戈威德"滥杀平民，推动联合国安理会先后通过多项决议，威胁对苏制裁。在国际压力和非盟及部分非洲国家斡旋下，苏政府于 2003 年 8 月开始同达尔富尔地区反政府武装就权力、财富和安全等问题在阿布贾展开谈判，这取得一定进展。2004 年 8 月，非盟开始向达尔富尔地区派出特派团（AMIS）执行维和行动，但效果不彰。西方国家积极推动联合国接管 AMIS。

2006 年 8 月，联合国安理会通过 1706 号决议，决定联合国加快接管进程。苏政府对此坚决反对。此后，国际社会围绕接管问题与苏展开广泛对话。联合国秘书长安南于当年 11 月提出由联合国向非盟提供财政、技术和后勤支持，在达尔富尔地区部署联合国和非盟混合维和部队的"安南三阶段方案"。在包括中国在内的国际社会努力下，苏政府先后于 2006 年 12 月、2007 年 4 月和 6 月就安南方案的三个阶段计划与联合国和非盟达成一致，同意在达尔富尔地区部署联合国和非盟混合维和部队，国际社会予以积极评价。

2007 年下半年，达尔富尔政治进程进入了新的阶段。联合国和非盟为推进达尔富尔地区政治进程制订了"路线图"，并于 2007 年 8 月初召集达尔富尔地区反对派在坦桑尼亚阿鲁沙举行会议，与会各派就执行"路线图"、尽早与苏丹政府展开谈判达成一致。2008年9月，第130届阿盟外长会议提出旨在推动达尔富尔地区政治进程的"卡塔尔倡议"。2009年2月，苏政府与达尔富尔地区反政府武装"正义与平等运动"举行第一轮多哈和谈，签署《解决达尔富尔问题善意与建立互信协议》。11月，达尔富尔地区全面和谈启动会议在多哈召开。2010年2月和3月，苏丹政府分别与达尔富尔地区反对派"正义与平等运动"及"解放与正义运动"在多哈签署和平框架协议。

2011年3月，苏政府宣布取消达尔富尔地区紧急状态，赋予达尔富尔地区人民充分自由，按照2006年签署的《达尔富尔和平协议》在达尔富尔地区举行行政地位公投（即达尔富尔地区作为一个行政区域还是保留3个州）。此后，苏政府批准达尔富尔地区新行政区划，把3个州调整为5个州。7月14日，苏政府与达尔富尔地区反对派"解放与正义运动"在多哈签署和平协议。10月，苏政府为执行和平协议采取一系列切实措施，有关人员任命和机制建设陆续落实到位。"解放与正义运动"领导人希西就任达尔富尔地区过渡权力机构主席，秘书长巴哈尔担任新政府卫生部部长，多名该组织成员担任各部国务部部长。12月，苏政府军击毙"正义与平等运动"领导人哈里里，给该组织以沉重打击。2013年4月，苏政府与"正义与平等运动"（巴沙尔派）在多哈签署和平协议，但"正义与平等运动"内部强硬派仍不断进行袭击破坏活动，"正义与平等运动"（巴沙尔派）领导人5月遇袭身亡。8月，联合国/非盟达尔富尔问题联合特别代表钱巴斯在坦桑尼亚阿鲁沙与"正义与平等运动"、苏丹解放运动米纳维派举行会谈，并共同发表"阿鲁沙会谈成果声明"，上述武装力量同意进行和平对话，政治解决分歧。2014 年 1 月 28 日，苏总统巴希尔任命"正义与平等运动"（巴沙尔派）领导人巴希特担任地方管理委员会顾问。2 月 2 日，巴希尔总统重组达尔富尔地区后续行动最高委员会，任命副总统哈赛卜为主席，"正义与平等运动"（巴沙尔派）领导人巴希特为副主席。

第六节　经济发展

一　概述

苏丹是一个经济不发达的国家，经济发展积贫积弱。独立以来，国民经济体系逐渐建立起来，社会经济有了较大发展。从 1956 年苏丹独立到 2016 年的 60 年中，苏丹内战不断，仅仅经历 1956～1958 年、1965～1969 年和 1985～1989 年的 10 年短暂的和平时期。由于长期内战与地区冲突，加之宗教等其他人为因素的干扰，国家经济走过了 30 多年曲折的道路，直到 20 世纪 90 年代初期，苏丹还是一个经济落后的国家。

1989 年巴希尔政府执政以来，苏丹政府采取了多种措施推进国家经济发展，先后实施了《挽救经济三年计划》（1990～1992 年）、《十年全面发展战略计划》（1993～2002 年）等一系列经济改革措施，使经济形势有所好转，但没有明显摆脱经济困境。1993 年，国际货币基金组织把苏丹列为无力偿债和不宜提供贷款的国家，并停止其会员的投票权。为摆脱经济困境，20 世纪 90 年代中期以来，巴希尔政府开始实施新的改革措施，同时，按照国际货币基金组织的要求，巴希尔政府也开始实行财政紧缩政策，加之石油经济作为一个新的经济部门的出现，苏丹经济开始进入一个较好发展时期。2003 年 4 月，世界银行宣布苏丹是近年来非洲经济发展最为成功的国家之一，国家的经济信誉度也不断提升。

2005 年初，持续了 20 多年的第二次内战结束，实现了国内和平，除达尔富尔问题依然困扰着这个国家外，苏丹已经获得了一个难得的经济与社会发展国内外环境，再加上石油经济迅速崛起的有力拉动，2005 年苏丹经济年增长率达到了 8%，成为非洲大陆近年来经济增长最快的国家之一，2006 年和 2007 年，经济增长率达到两位数，分别为 11.3% 和 10.2%。2008 年尽管遭受全球金融危机的影响，苏丹宏观经济依然保持了较快增长，经济增长率达到 3.0%。同期人均国内生产总值（GDP）增长较快，2008 年人均 GDP 达到 1681 美元，是 2005 年的 2 倍以上。2010 年苏丹 GDP 增长率为 23.5%。世界银行公布的数据显示，2011 年南苏丹独立后，2012 年苏丹 GDP 同比下降 6.2%，2013 年同比下降 6%。IMF 等国际组织测算，2014 年苏丹 GDP 同比增长 3.3%，2015 年 GDP 数据尚未公布，预计同比增长 3.1%（见表 1-1）。

表 1-1 苏丹部分经济指标（2010~2015 年）

国内生产总值（GDP）

指标	2010 年	2011 年	2012 年	2013 年	2014 年	2015 年（估计）
GDP 总量（亿美元）	656.3	673.2	631.5	593.6	613.2	632.2
实际 GDP 增长率（%）	23.5	2.6	-6.2	-6	3.3	3.1
人均 GDP（美元）	1727	1772	2038	1915	1978	2039

通货膨胀率

指标	2010 年	2011 年	2012 年	2013 年	2014 年	2015 年（估计）
期内平均通胀率（%）	14	15.8	36.5	36.3	37.5	17.49
期末通胀率（%）	15.4	18.9	44.4	42.6	25.7	12.58

进出口总额

指标	2010 年	2011 年	2012 年	2013 年	2014 年	2015 年（估计）
出口总额（亿美元）	118.8	86.5	33.7	70.9	43.5	31.7
进口总额（亿美元）	100.5	93.5	94.7	99.2	92.1	95.1
顺差/逆差	18.3	-7	-61	-28.3	-48.6	-63.4

资料来源：世界银行、《非洲经济展望报告》、苏丹央行。

二 经济结构

(一) 农牧业

农业是苏丹经济的主要支柱。据统计,2015年,农业产值占GDP的28.9%,苏丹农业人口占全国总人口的80%以上,农牧产品出口占出口总值的90%~95%。农作物主要包括高粱、谷子、小麦和玉米。经济作物在农业生产中占重要地位,主要包括棉花、花生、芝麻和阿拉伯树胶,大多供出口,其出口额占农产品出口额的66%。其中,花生产量居阿拉伯国家之首,仅次于美国、印度和阿根廷;芝麻产量在阿拉伯和非洲国家中居第一位,出口量占世界的50%左右;阿拉伯胶树种植面积500万公顷,阿拉伯树胶年均产量约6万吨,占世界总产量的80%左右。苏丹还出产玉米、椰枣等。此外,苏丹的农田基础设施及机械化水平已具一定基础,如杰济拉灌区、拉哈德灌区、新哈尔法灌区、青尼罗河灌区、白尼罗河灌区及北方州尼罗河灌区等的建设。在白尼罗河、青尼罗河及主尼罗河的岸边建有许多小型水泵,其可被用于灌溉沿岸的农业区。即使在依赖自然降水的雨灌区,私人农场也广泛使用拖拉机、联合收割机等大型农业机械大面积种植高粱等作物,机械化程度达到了45%。

近年来,苏丹政府高度重视农业发展,称农业是"永恒的石油";把实现农业复兴和粮食自给、发展以农业为基础的非石油经济定为国家发展战略,并制定农业振兴计划,出台一系列促农、惠农举措,对内加强农业市场建设,对外积极吸引农业投资。

种植业。苏丹农业资源丰富，有良好的资源条件，南北气候多样，适合多种作物的种植和轮作。这里土地资源丰富，苏丹可耕地面积达5300万公顷，占国土面积的28.19%，相当于中国现有耕地的近40%，其常年耕种土地仅1000万公顷，其余耕地荒芜闲置。此外，苏丹还有大量可开垦的轻度沙化土地及森林和草场，宜牧区面积超过1亿公顷。再者苏丹位于北纬10~22度非洲大陆东北侧，靠近赤道，全年太阳直射，光热资源丰富，是世界最热的国家之一，最热季节气温可达50℃，最低温度为16℃左右，全国年平均气温21℃，多样性的气候条件决定了苏丹具有丰富多样的农产品资源。

畜牧业。苏丹幅员辽阔，宜牧区面积为1.67亿公顷。苏丹的畜产品资源在阿拉伯国家中名列第一，在非洲国家中名列第二。据统计，目前苏丹牛、羊、骆驼等存栏量约1.2亿头，苏丹每年向埃及和沙特等海湾国家大量出口牛、羊活畜，每年生产原皮约2200万张。近年来，畜牧业在苏丹农业经济中的地位不断上升，畜产品在非石油出口品中已经替代经济作物而成为增长最快的出口品。由于受到了政府的鼓励，家畜生产，尤其是骆驼、山羊、绵羊和牛的生产已经呈现强劲的增长势头。苏丹的大多数畜产品都销往国外，因为海湾国家（特别是沙特阿拉伯）的市场正对苏丹畜产品表现出极大需求。

渔业。苏丹渔业资源较为丰富，主要分布在尼罗河流域和红海沿岸区域。总体上说，渔业在苏丹是一个传统的行业，与居民生活相关。苏丹的大宗捕鱼活动依赖淡水资源。尼罗河给苏丹提供了丰富的渔业资源，渔民以传统方式捕获鱼产品并在当地城市出售。在努比亚湖和红海，已经有现代化的捕鱼业。尼罗河是苏丹主要的鱼类来源地。苏丹已在尼罗河及其支流上筑坝，并修建了不少湖泊和水库。这些湖泊和水库提供着优质的淡水鱼。红海沿岸水域的开发程度相对较低。据估计，该水域有可能实现 5000 吨的年产量。

（二）工业

苏丹工业基础薄弱。2015 年，苏丹工业产值占国内生产总值的 20.4%。主要包括制糖、制革、纺织、食品加工、制麻、烟草和水泥等工业部门。近年来，政府积极调整工业结构，重点发展水泥、石油、纺织和制糖等工业。1999年，石油开发取得较大发展，苏丹成为石油出口国。2011年南苏丹独立后，原苏丹 75% 的石油储量被划归南苏丹，苏丹石油产量大幅减少。

苏丹建材工业。苏丹建材工业发展滞后，建筑材料短缺。苏丹建材工业只能生产基本产品，而且产量不大，价格昂贵，无法满足当地市场需求。现存的一些工厂技术落后，设备老化，产量低下，而且普遍存在电力不足、设备设施短缺的现象。虽然苏丹可以自己生产一些建筑材料，如普通水泥、石灰、砖、石膏、花岗岩和大理石、卫生洁具、瓷砖等，但是设备和产品严重不足，特别是陶瓷、塑料管材、线材、电力设施、空调和五金制品以及其他建筑材料，铝合金门框、玻璃制品更是少见。上述设备和材料价格昂贵，一般是中国市场价格的几倍。苏丹钢筋、石棉、建筑用机械、水泥、车辆、工程机械依靠进口，价格与国际市场相同。但苏丹滞港现象普遍及陆地运输成本过高，导致材料和设备价格攀升。2015年4月苏丹部分建材市场价格见表1-2。

表1-2 2015年4月苏丹部分建材市场价格

单位：苏丹镑

名称	规格	单位	价格	备注
钢筋	—	吨	9500	与国内规格不同
普通水泥	42.5	吨	1400	—
石	综合	立方米	250	—
砂	—	立方米	120	—
混凝土空心砌块	—	块	6	—
混凝土	—	吨	1000	—
白水泥	—	吨	2300	—
木材	综合	立方米	7200	10cm×5cm×4cm 木方
块石	—	立方米	180	—

资料来源：驻苏丹中资企业。

（三）矿业

矿产资源是苏丹经济的支柱。南苏丹独立后，苏丹石油产量锐减，金、银、铬、铁等资源作为石油替代品引起高度重视，政府制定了一系列的引资措施。苏丹政府试图在"后石油时代"寻找新的经济增长点。目前苏丹已发现金矿矿床150多个，探明黄金储量970吨，探明铁储量12.5亿吨，探明铬矿储量1亿多吨。2011年苏丹黄金产量达 34 吨，2012 年破 50 吨新纪录，成为非洲第三大产金国。2015 年又创年产黄金 82.3 吨的历史纪录，成为代替石油的重要创汇产品。

近年来，苏丹丰富的矿产资源和优惠的引资政策吸引了世界的关注，法国、加拿大、沙特、摩洛哥、印度等国企业竞相涌入，目前其在苏丹的矿业企业已达 460 家，大部分从事金矿勘探和开采。苏丹矿业部仅在 2011 年就出让了 70 多个金矿区块，此后又与沙特公司签署协议，决定共同开发红海海底资源；与埃及公司签订备忘录，共同开采锰矿；与韩国建立了合作伙伴关系，开采金、铁、锌等。

目前，已有 11 家金矿公司步入生产阶段，其余大部分仍处于勘探期。其中，法国的阿里亚伯矿业公司在苏丹经营近 20 年，累计生产黄金 60 多吨，高峰期年产量达 5 吨，该公司 2012 年被埃及纳吉布公司收购，埃及纳吉布公司又于 2015 年 4 月将 44% 的股份以 1 亿美元的价格转让给苏丹政府；2013 年 2 月，摩洛哥 Managem 公司投资的阿布哈迈德金矿正式投产，据称项目已探明黄金储量高达 260 万吨，现年产黄金 2 吨，预计最高年产量可达 10 吨～12 吨。2014 年 7 月，苏丹矿业部和俄罗斯西普里安矿业公司签署了苏丹历史上最大的黄金生产合同，涉及黄金储备市场价值达 2890 亿美元。据不完全统计，目前苏丹共有 17 家中资黄金勘探、采选与冶炼加工企业，矿业投资以亿美元计。在苏丹所有参与金矿石冶炼的境外企业中，中资企业占苏丹整个冶金市场的份额为 15% 以上。2015 年 10 月，中国国际矿业大会在天津举行，苏丹矿业部部长应邀出席，并在会上表示两国在矿业领域的战略伙伴关系是两国互利互惠的重要内容，号召更多的中国企业来苏丹创业，共同开发。

三　对外贸易

外贸在苏丹经济中占有重要地位。苏丹参加的区域贸易协定主要包括：东南非贸易共同体、阿拉伯国家贸易联盟。苏丹尚未加入世界贸易组织，是 WTO 观察员，已经完成了与多数 WTO 成员的双边谈判。2012 年 10 月两国签署了中国给予苏丹 95% 税目输华产品零关税待遇的换文，2014 年 10 月双方再次签署换文，将享受这一待遇的产品范围扩大至 97%，这进一步加强了两国贸易。

南苏丹独立后，由于苏丹石油锐减，苏丹进出口贸易受到影响。据苏丹央行①发布的最新贸易报告，2015 年 1～12 月，苏丹进出口贸易总额为 126.78 亿美元，同比下降 6.52%。其中，出口总额为 31.69 亿美元，同比下降 27.15%；进口总额为 95.09 亿美元，同比上升 3.23%；贸易逆差 63.40 亿美元，同比上升 30.42%。从进出口商品看，2015 年苏丹出口前五大类货物为牲畜、黄金、石油、芝麻、阿拉伯树胶，出口额分别为 8.04 亿美元、7.26 亿美元、5.74 亿美元、4.53 亿美元、1.12 亿美元，合计占出口总额

---

① 经查证，苏丹央行（苏丹中央银行）与苏丹银行称呼可互用。苏丹银行在 1960 年成立时，并无"苏丹中央银行"称呼，只是扮演了国家中央银行的角色，直到目前，两种称呼依然可互用，具体可参见中华人民共和国外交部网站、中华人民共和国商务部网站等相关内容。

的 84.22%。2015 年苏丹进口前六大类货物为工业制成品、机械设备、石油制成品、交通运输设备、小麦、面粉和糖，进口额分别为 19.41 亿美元、16.50 亿美元、11.89 亿美元、9.11 亿美元、7.56 亿美元、5.50 亿美元，合计占进口总额的 73.58%。从贸易国别看，2015 年苏丹前五大贸易伙伴为中国、阿联酋、沙特、埃及、印度。可见，苏丹的辐射市场主要为阿盟国家和东南非国家。2015 年中苏（丹）贸易额为 28.99 亿美元，占苏同期进出口总额的 22.87%。其中，苏丹从中国进口的总额为 21.59 亿美元，主要商品包括工业制成品、机械设备、交通运输设备以及纺织品等；苏丹向中国出口的总额为 7.40 亿美元，主要商品为石油（5.74 亿美元）、芝麻（1.36 亿美元）、棉花等农产品。

四　货币金融

（一）三次货币改革

1956 年，新成立的苏丹货币委员会发行了第一套货币——苏丹镑（第一次改革），分别为面值 1 镑、5 镑和 10 镑的纸币，埃镑、美元和英镑逐渐退出流通领域。1960 年苏丹银行成立，同年被授权发行硬币，并负责监管货币的流通、交易和破损货币回收。货币委员会发行的苏丹镑流通到 1970 年，之后由于制币技术的进步，为制止生产假币，苏丹银行发行了技术含量较高的新版苏丹镑。1980 年，官方又一次进行修改，发行了带有当时总统加法尔头像的面值为 20 镑的纸币。1985 年，为配合政治需要，所有流通的货币均增加了总统头像。1991 年，为进一步提高货币的防伪技术，苏丹发行了面值为 100 第纳尔、500 第纳尔、1000 第纳尔和 5000 第纳尔的纸币，及 5 第纳尔、10 第纳尔、50 第纳尔的硬币，货币名称改为第纳尔（第二次改革）。根据 2005 年签署的和平协定的要求，苏丹银行需要重新发行苏丹镑，新苏丹镑的设计需要体现国家的和平、团结以及文化多样性，且防伪技术更高。随着 2006 年 1 月 10 日苏丹镑的发行，2006 年 7 月，苏丹政府决定将苏丹货币第纳尔改为现行的货币苏丹镑，2007 年 6 月 30 日之前完成新旧货币兑换，2007 年 7 月 1 日苏丹镑在全国流通。苏丹镑为不可自由兑换货币。苏丹镑流通后，对美元的汇价呈下降趋势。据苏丹银行公布的官方牌价，2007 年全年美元兑苏丹镑汇价表现为 1 美元 = 2 苏丹镑，2008 年底为 1 美元 = 2.22 苏丹镑。2009 年伊始，苏丹政府采取积极措施稳定国内经济，防止经济滑坡，包括扩大投资领域，取消行政障碍，为投资者提供便利；监管外汇市场，保障外汇储备，稳定苏丹镑汇率；维持社会稳定，保障投资者安全；加大石油生产，保障基础设施建设。2010 年初，美元兑苏丹镑汇价表现为 1 美元 ≈ 2.4 苏丹镑。

南北分裂后，苏丹中央银行换发新货币，2011 年 9 月旧版货币停止流通。此后半年中，苏丹镑严重贬值，2012 年底，黑市中一度出现 1 美元 = 7 苏丹镑，但苏丹各银行的标价仍表现为 1 美元 = 5.67 苏丹镑。2013 年 3 月南苏丹、苏丹谈判出现重大转机后，苏丹镑小幅升值，但此后受南苏丹内战、外汇短缺等因素影响，苏丹镑持续贬值，目前外汇黑市表现为 1 美元 = 14 苏丹镑，但苏丹各银行的标价仍表现为 1 美元＝5.9 苏丹镑。在银行与官方兑换所中，人民币与苏丹镑不可直接结算，但黑市中可以兑换。

（二）外汇管理

苏丹实行外汇管制。自 1992 年以来，尽管苏丹政府采取了一系列贸易自由化政策，放宽了外汇管制，实行自由浮动汇率，但由于外汇短缺，其外汇管制政策经常变动，时松时紧。外国投资者在苏丹的各银行可以开设外汇账户，但外汇汇出汇入都要接受苏丹中央银行的监控，所有进口付汇或出口收汇企业必须在贸易部登记。

美国对苏丹实施经济制裁后，苏丹外汇流通出现困难，政府对外汇的汇入、汇出实施审批，限制美元的汇款和流通，欧元和英镑可汇兑，但是由于货币量有限，经常会出现有价无市的情况。自 2003 年开始，苏丹实行有管理的浮动汇率制度，在当天汇率波动幅度超过 2% 时进行干预。2009 年底，苏丹央行放宽对外汇的管制，允许个人出境从银行或货币公司兑换 2000 欧元的外币。2011 年，为应对分裂导致的外汇短缺问题，苏丹进一步收紧外汇管制，商业银行汇款额度受到中央银行监控和限制，企业在苏丹的账户收到外汇后不能直接提现，必须按照官方汇率结汇。2013年底，美国对苏丹制裁趋紧，导致美元汇入、汇出难度进一步加大。

（三）银行和保险公司

苏丹的国家银行是苏丹中央银行，主要负责货币发行和监控等。苏丹共有 24 家本国商业银行，它们以前均为国有银行，现其中有 16 家已私有化或有私人参股，但经营活动受苏丹银行控制，剩余 8 家国有商业银行占据着重要地位。商业银行资本金充足率不到 8%。主要的商业银行包括喀土穆银行、苏法银行、苏沙银行、农业银行、恩图曼银行等。在苏丹的外资银行是阿布扎比银行、巴比伦银行、卡塔尔银行。目前暂无中资银行。近年来，中国国内银行通常不接受由苏丹银行出具的信用证，一般要求苏丹进口商在第三国银行开具信用证。

（四）融资服务

在苏丹，外国企业和当地企业一样可以获得商业银行的贷款，抵押和担保条件相同，但是由于苏丹本地银行信誉较低，当地银行开出的保函等一般难以获得承认。苏丹属于世界上少有的仅按《古兰经》教义维持国家金融体系的国家之一。中央银行规定不允许收利息，而是按协商价格收费。商业贷款由中央银行根据行业发展优先程度进行额度分配。苏丹政府多次向中国政府提出，希望建立人民币与苏丹镑直接兑换机制，以使用人民币开展中苏（丹）贸易与投资合作，目前该机制尚在探讨中。

（五）信用卡使用

从 2007 年开始，苏丹使用 ATM，银行发行的均为借记卡，无信用卡，VISA 和 MASTER 卡可在苏丹使用，但是有 POS 机的商家极少，大部分在网上被使用。2013 年 3 月，苏丹费萨尔伊斯兰银行从中国采购的 50 台 DT-7000 系列自动柜员机投入运行，其能为民众提供现金存取款、各类缴费及其他增值业务。

（六）苏丹证券市场

苏丹于 1995 年 2 月建立了自己的证券市场——喀土穆证券交易所，但其只从事内部发行业务，不进行对外销售活动。该市场中目前有 53 家上市公司，166 只股票，2010 年股票买卖交易共 8266 起，金额 24.2 亿苏丹镑。2012 年 1 月，在阿曼帮助下，苏丹喀土穆证券交易所成功建成电子交易系统，结束了 17 年来，在白板上书写债券和股票价格的历史，并与阿联酋、阿曼的部分证券交易所实现连接。

五 基础设施

苏丹全国的现代交通运输体系及基础设施，主要由铁路网、公路网、内陆水路网和航空网构成。此外，苏丹还有一个重要的深水港，即红海沿岸的苏丹港；有一支小型的国家商船队；还有新建成的石油运输管道网。在遥远的沙漠深处和边远部落地区，传统的骆驼运输依然还保持着。从总体上看，苏丹的交通运输事业是比较落后的。

公路。全国的物资和人员流动大部分依靠公路。苏丹公路里程达 37000 公里。首先，目前苏丹最重要的公路是由苏丹港到喀土穆的公路，长约 1200 公里，是现代化沥青路。其次是较好的沙石路，有近万公里。目前苏丹已经建成了相对完整的全国公路网，全国各个州均被公路网覆盖，形成了以喀土穆为中心、各州首府相互连接的公路格局。苏丹首都有公路直接连通南苏丹首都朱巴，目前正在建设的西部救国路西段已经竣工，但尚未连接乍得边境。苏丹十分重视长途客运车况的改善，从包括我国在内的多个国家大量购置新型客运大巴，目前大巴已成为苏丹国内客运的主要交通工具之一。但苏公路多为双车道，相关配套设施缺乏，加上气候炎热，长途行车交通事故较多。

铁路。苏丹铁路网由规格为 1067 米的窄轨单线铁路构成，总长约 5978 公里，是非洲铁路里程第二长的国家，铁路覆盖苏丹全境。南苏丹独立前，它大体上由五条铁路组成，即①从与埃及交界的瓦迪哈勒法一路南下，到达首都喀土穆，再南下经森纳尔抵达欧拜伊德；②从红海岸边的苏丹港到喀土穆；③从欧拜伊德往西抵达达尔富尔的尼亚拉；④从欧拜伊德往南一直抵达南方白尼罗河上游靠近中非共和国边界的瓦乌，这是苏丹最南部的铁路的终点；⑤从中部靠近青尼罗河边上的森纳尔北上到达苏丹港。这几条路构成了苏丹国家铁路的网络，总长 4725 公里，但只在中部地区形成一个环形，其他都是单向辐射状的。在杰济拉农业灌溉地区还建有 716 公里长的轻便铁路。因此，苏丹有两个铁路运营与管理系统，一个是国营的苏丹铁路公司，它管理全国的商业性铁路网，另一个是杰济拉管理委员会所有的杰济拉轻便铁路，它主要为杰济拉和玛纳齐勒农业区货物运输提供服务。

南苏丹独立后，由于战争破坏和洪水冲刷，铁路损毁严重，已经形成不了网络，只能供区间使用。阿特巴拉是苏丹的铁路枢纽，向北通往埃及边境的瓦迪哈勒法，向东到达苏丹港，向南经过喀土穆、森纳尔，可通向达尔富尔和青尼罗河州。南科尔多凡州的巴巴努萨有铁路通往南苏丹的瓦乌。目前，苏丹铁路局正在开展铁路修复工作，部分中资公司参与了项目采购与施工，其中喀土穆—阿特巴拉段已修复完成，我国公司提供的机车已投入运营。

海港与水运。苏丹是一个大陆-海洋型国家，有约720公里长的海岸线，沿海港口使苏丹可以从海上通往世界各地。尼罗河及其支流在苏丹境内长数千里，大部分河段也可通航。

苏丹有两大港口。①苏丹港。始建于1905年，共有21个泊位和1个3500吨级的石油码头。水深12米~16米，年货物吞吐量850万吨左右，占全国港口吞吐量的95%。它为苏丹提供了一个现代化的对外贸易进出口港口，对扩大苏丹内地与外部世界的联系至关重要。苏丹港地理位置优越，万吨巨轮可以停靠并通过红海进入地中海和印度洋。这里建有码头、储油罐区、仓库和货场，有机械起重设备和铲车、汽车装卸设备，但是很多货物装卸仍然依靠人力来完成。目前该港口正在进行扩建。苏丹港与沙特吉达港之间距离仅为158海里，其中客货运船舶穿梭其间。②萨瓦金港。它是苏丹第二大深水港，于20世纪80年代开建，在1991年1月建成并开始运行。它位于苏丹港以南约65公里处。萨瓦金港的货物吞吐量估计为每年150万吨。目前，苏丹港的大约20%的运输量正在被转往萨瓦金港。

由于尼罗河贯穿南北，苏丹河运资源丰富，但几十年的内战，使其几乎损失殆尽，目前通航里程为1723公里，运输量小，主要分布在尼罗河区段上。在远洋运输方面，苏丹有远洋商船10艘，总吨位12.2万吨；主要有经营苏丹海运线的国家商船队。

　　在内河航运方面，苏丹有着久远的历史。苏丹内河航线总长 5310 公里，有轮船 300 多艘。尼罗河由南向北穿过苏丹，在数千年前就成了苏丹南北间的通道，给当地人民提供了一条重要的内陆运输线。但尼罗河全程通航不容易，因为从喀土穆到埃及边界分布着一系列瀑布，在喀土穆以南的白尼罗河上的一些浅滩，也限制了驳船的承载能力。2003 年初，白尼罗河的一个支流索巴特河重新开放运输，这方便了向南方提供人道主义食品援助。2005 年内战结束后，苏丹的内河航运，特别是南方地区的河运逐渐恢复。目前，客货运输主要集中在栋古拉与库赖迈之间。大部分航运集中在白尼罗河及其支流。白尼罗河喀土穆至朱巴段全年可通航，里程长达 1810 公里，它把南方与北方连接起来，在苏丹经济中起着重要作用。青尼罗河喀土穆至森纳尔段一年中大部分时间也可通航。尼罗河的其他支流，在涨水时可以通航。总的来说，南苏丹独立后，内河运输将南苏丹、苏丹联系起来，政治意义大于经济意义。目前，应苏丹河道管理部门邀请，中资公司正计划为其疏浚喀土穆—森纳尔区间的河道。

　　航空运输。空运在苏丹运输中占据重要地位，苏国内 90% 的运输通过空运进行。目前，苏丹航空公司有大型喷气客机十多架，包括 3 架 300-600R 空中客车，两架波音 737-200，两架伊尔 18，此外还有一些货运客机。全国共有民航机场 62 个，喀土穆机场、苏丹港机场、卡萨拉机场、朱奈纳机场为国际机场。其中喀土穆是欧、亚、非三大洲国际航空运输的重要中心之一，有几十家外国航空公司的航线通过喀土穆，有十几家外国航空公司在苏丹设立了办事处。苏丹航空公司开辟的喀土穆—开罗—雅典—罗马—伦敦国际航线是重要的国际航线。苏丹新闻社报道，尽管苏丹的经济欠发达，但苏丹的空运业比较发达，联系着国内 20 多个城镇及欧洲、亚洲和非洲地区。

目前苏丹全国共有 8 个国际机场和 17 个国内航线机场。苏丹飞往国外的航班均由国外航空公司包揽。通往苏丹的外国航空公司主要来自阿联酋、卡塔尔、埃及、沙特、肯尼亚、埃塞俄比亚等；北京、上海、广州、成都等地均有航班通往苏丹喀土穆，但其需要在迪拜、阿布扎比、多哈等地转机。中国海南航空公司曾开通北京至喀土穆的直航航班，但已停飞。

管道运输。苏丹港至喀土穆建有输油管道，全长 815 公里，年输油能力 80 万吨。1999 年，苏中南部油田经喀土穆至苏丹港长 1640 公里的输油管道开始投入使用。南苏丹独立后，南苏丹、苏丹双方就管道运输费用等石油利益分配问题分歧较大，南苏丹于 2012 年 1 月关井停产，该输油管道暂停使用。经过南苏丹、苏丹间的艰苦谈判，南苏丹于 2013 年 4 月恢复石油生产。

通信。截至目前，苏丹固定电话装机数量达 50 万部，手机用户达 2700 万人，互联网用户达 500 万人。主要的电信运营商有 Zain、Sudatel、MTN 等，手机信号几乎可以覆盖全部有人的区域。

电力。苏丹的电力曾经紧张，但经过多年发展，尤其是 2010 年麦罗维大坝 10 台机组全部发电后，用电紧张的局面得到了极大改善。目前全国总装机容量约 3000 万千瓦，实际运行的发电站约占一半，电力供应依然不能满足全国工农业发展需求，中国正在帮助苏丹兴建一批电站和输变电项目。苏丹电网尚未与其他国家互联互通。

第二章　民族与宗教

第一节　民族

苏丹是一个种族结构复杂、民族众多的国家。按照 20 世纪 80 年代原苏丹政府颁布的文件，全国人口分属 19 个种族或种族集团，阿拉伯人、努比亚人、贝贾人、富尔人、努巴人、尼罗特人、尼罗哈姆人为主要的种族集团。种族集团之外，全国人口又分属 579 个民族或部落。人体来说，原苏丹北部和中部地区以高加索白种人为主，南部地区以黑种人为主。2011 年南苏丹独立以后，苏丹主要包括阿拉伯人、贝贾人、富尔人、努巴人等，其中阿拉伯人占 70%，居民多信奉伊斯兰教，多属逊尼派，少数人信奉基督教。

阿拉伯人。苏丹的阿拉伯人主要由操各种阿拉伯语方言的穆斯林部落组成。苏丹的阿拉伯人是公元 7 世纪以后，经埃及或红海陆续移入苏丹的亚洲阿拉伯人与苏丹当地居民世代融合的后裔，分布于苏丹的北部、中部和西部地区。阿拉伯人是苏丹人数最多的民族，但他们的生活方式有很大不同，一部分定居在尼罗河流域的北部和杰济拉等地，从事农业、工业生产或经商；另一部分散布在各地的游牧部落，以逐水草放牧或狩猎为生。他们的外貌不同于亚洲的阿拉伯人，带有当地黑人的某些特征，大多数人皮肤呈褐色或浅黑色，并且头发卷曲。苏丹的阿拉伯人虽有共同的语言、宗教和自我认同，但他们还分为不同部落，每个部落都称自己有与他人不同的祖先。

苏丹阿拉伯人中两个最大的部落是杰希奈人和贾阿林人。杰希奈人主要由游牧部落构成。苏丹人认为杰希奈人较少被融合，但有些杰希奈部落因吸收迁徙地的原住民而发生了很大的变化。比如巴卡拉部落迁往南部和西部，在那些地区与当地人共同生活，现在已经很难把他们和当地的土著居民区分开了。而人数最多的贾阿林人最初居住在尼罗河两岸，其成员后来散居各处，现主要分布于北部和中部地区。苏丹人把贾阿林人看作最初的原住民，他们后来也渐渐地被阿拉伯化了。

苏丹阿拉伯人第三大部落是卡瓦希里人，他们有 13 个大小不同的部落。其中 8 个部落和另外 5 个部落的一些分支居住在喀土穆以北和以西地区。他们在那里更多地过着田园生活，这和居住在喀土穆以南、库斯提以北的白尼罗河两岸的其他 5 个部落有着较大不同。居住在河岸的 5 个部落有相当程度的自我意识和某种凝聚力，但各部落之间为其在当地的权力和地位也经常发生冲突。

努比亚人。努比亚人是苏丹最古老的土著世居民族。虽然已经信奉伊斯兰教，但其一直保持着自己的民族语言努比亚语，阿拉伯语只是他们的第二语言。他们的家园在苏丹北端和埃及南部的尼罗河河谷，即从尼罗河第一瀑布到第四瀑布之间的地带。苏丹努比亚人的祖先是古老的哈姆族（含米特族），现在的努比亚人是由土著努比亚人融合了阿拉伯人、土耳其人或黑人的血统而形成的，因此有的人皮肤呈浅棕色，有的人皮肤呈深棕色。

贝贾人。贝贾人属于高加索人种的闪米特东支，自古以来就生活在红海之间的东部沙漠山区。贝贾人是古老的哈姆族（含米特族）的后裔，皮肤呈棕色，头发为卷发，多从事农、牧业生产，少数人则在喀什三角洲种植棉花和棕榈树，出售棕榈果核壳制品。大约一千年前阿拉伯人对贝贾人的影响并不大，但此后贝贾人皈依和采用了把他们和阿拉伯祖先联系起来的伊斯兰教和宗谱，开始使用阿拉伯语名字，吸收了阿拉伯语词汇。贝贾人的语言贝贾语亦称北督维语。贝贾人有四个部族：比沙林、哈丹达瓦、艾姆拉拉和巴尼阿米尔。贝贾人比较保守、自大和冷漠，甚至对同族人也是如此，他们很少与陌生人来往。

富尔人。富尔人体魄形似黑人，是苏丹西部的土著居民，长期居住在达尔富尔高原的迈拉山及周围地区，过着农耕生活。18世纪，他们建立了以法希尔为首都的富尔素丹国。1916年以前，富尔人一直由富尔素丹统治，他们在政治和文化上倾向于乍得。

扎加瓦人。生活在富尔人居住地区以北的高原上，过着半游牧生活的人自称为贝里人，阿拉伯人称他们为扎加瓦人。这个部族的绝大多数成员生活在乍得，苏丹只有一小部分扎加瓦人。扎加瓦人以放牧牛、骆驼、绵羊和山羊为生，当然他们还要采集一些野生谷物和其他作物维持生计。现在，耕作业变得日益重要了，但风险较大，在干旱时期他们要过采集野生植物的生活。虽然扎加瓦人信仰伊斯兰教，但他们保持着许多传统宗教习俗。

马萨里特人、达朱人和博尔提人。其都是属于在达尔富尔地区的尼罗-撒哈拉语系且至少在名义上信仰伊斯兰教的民族。他们多是生活在村落里的耕作者，但也都不同程度地从事着畜牧业。居住在苏（丹）、乍（得）边界的马萨里特人部落是最大的部落，历史上曾隶属于一个小的素丹国瓦代（在乍得）。那时，他们夹在达尔富尔和瓦代两个素丹国之间。他们占有的一部分领土以前是由富尔人控制的，但是在20世纪前半叶，他们通过一系列同富尔人的局部冲突逐渐占据了这些领土。20世纪90年代初期，达尔富尔的许多地方处于混乱状态，许多村民常常遭受侵袭。马萨里特民兵袭击富尔人和其他一些村落的事例屡见不鲜。"达朱"这个词是语言学名称，用来泛指那些散居在从西达尔富尔和西南科尔多凡地区一直到乍得东部的部落。这些部落有着各自不同的名称，也没有认同感。博尔提人有两个部落，一个部落的成员生活在法希尔东北，另一个部落的成员已经在19世纪迁居到西达尔富尔州和西科尔多凡州了。西面的部族成员除了从事耕作业和畜牧业外，还采集阿拉伯树胶到当地市场上去卖。现在作为母语的博尔提语也已经大大地让位于阿拉伯语了。

西非人。苏丹有近百万拥有西非血统的人。所有居住在苏丹的有国籍和没国籍的西非人加起来占苏丹总人口数的6.5%。在20世纪70年代,西非人估计占北方诸省人口数的10%以上。苏丹已经有一些第五代或第五代以后的西非人了,另一些西非人则是近期的移民。老移民中有些是因为不能忍受在祖国遭受殖民压迫而迁徙来的,还有一些移民是在去麦加朝圣或返回的途中留居下来的。近期的许多移民是受西非地区游牧的富拉尼人大扩散压力而到苏丹的,其他一些移民则主要是"二战"后的城乡劳工或获取土地的农耕者。

第二节　宗教

一　概述

苏丹是一个多宗教并存的国家,伊斯兰教、基督教和非洲原始宗教都是其主要宗教。基督教在原苏丹有着很深的渊源,这里曾是最古老的基督教传播地区,历史上也曾建立过基督教国家并强盛一时。基督徒在原苏丹主要集中在南方。公元6、7世纪以后,随着伊斯兰教传入,原苏丹北部逐渐伊斯兰化或阿拉伯化了。在原苏丹北部、中部地区及首都喀土穆周围地区,居民几乎都信奉伊斯兰教,因此,伊斯兰教曾被独立后的几届政府定为国教,原苏丹北部和中部地区遍布清真寺,仅喀土穆市内就有大大小小400多座。即便在穷乡僻壤,清真寺也不少见。原苏丹人口中的相当一部分人,尤其是南方黑人部落地区的人们还依然信奉曾在传统的部落中传播的宗教。这些部落宗教或传统宗教的形态并不完全一致，每个部落信奉的神灵是不同的，但基本的特点是相信万物有灵，并崇拜自己的祖先。2011年南苏丹独立以后，苏丹居民主要为阿拉伯人，多信奉伊斯兰教。

二 伊斯兰教

伊斯兰教是公元 7 世纪以后由来自亚洲阿拉伯半岛的阿拉伯穆斯林传播开来的。14 世纪初叶，伊斯兰教已在苏丹各种宗教中跃居首位。早在英埃共管时期，英国殖民当局就清楚伊斯兰教是苏丹社会的最主要的组成部分，首次在立法和执法部门中确认了苏丹的伊斯兰特性。1902 年，苏丹英埃共管政府宣布训令，宣布成立伊斯兰教法庭，并宣布在上诉法庭、高级法庭和普通法庭中实行沙里亚法即伊斯兰教法。该训令还被载入法令全书中，且在整个共管时期未做变动。喀土穆的戈登学院（喀土穆大学的前身）也设立了一个沙里亚法官培训学校。为了安抚和统治北方，新统治者提升了哈特米亚教派领袖赛义德·阿里·米尔加尼和安萨教派领袖赛义德·阿布杜·拉赫曼·马赫迪的政治和经济影响力。苏丹独立后，最初的几届政府都把伊斯兰教定为国家的基本宗教，但苏丹在总体上并不是一个神权国家，而一直是一个世俗性的国家，也并未在全国所有地区强迫实施伊斯兰教法。1983 年 9 月 8 日，尼迈里政府颁布了著名的"九月法令"，宣布在全国范围内强制实行伊斯兰教法，其中包括规定偷窃者断手的条规。1985 年 4 月 6

日，苏丹发生军事政变，尼迈里下台。4月11日，苏丹新执政的军事委员会主席达哈卜宣布暂停实行伊斯兰教法。随后，即签署法令，废除前政府执行伊斯兰教法的特别法庭。

1989年6月政变上台并执政迄今的巴希尔，虽然延续尼迈里政府在1983年开创的伊斯兰政治模式，但也做了一些重大改革。巴希尔政府颁布的1998年宪法强调，国家政权永远不会被真主授予个人、家族或团体，宗教不能被用作区别国家公民的手段。随后，苏丹现政府取消了伊斯兰教法在南部的实施，该法只在北方实行。

苏丹北部多设有伊斯兰教法法庭，其按照伊斯兰教法受理教民中的案件。在审理和判决时，除国家法律条文规定的内容以外，其他问题的解决都必须重视伊斯兰法学家的意见。伊斯兰法律在国家的生活中占有极为重要的地位。为了贯彻伊斯兰精神，政府定期举行规模盛大的背诵《古兰经》的大会。高级党政领导人均曾出席背诵大会。在大中城市，每到礼拜的时间，各个清真寺宣礼塔上和一些广播站的高音喇叭还会播送《古兰经》，以号召穆斯林进行集体礼拜。在恩图曼，国家建有一所专门的宗教学校——恩图曼伊斯兰大学。

苏丹的伊斯兰教属于逊尼派（即正统派），但在国内又分为众多教派，每个教派都有自己的教长。苏丹的主要伊斯兰教教派、教团或组织有4个。

安萨教派。安萨教派是苏丹独创的伊斯兰教派，由苏丹抗英民族英雄穆罕默德·艾哈迈德所创立。1898年英国殖民主义者卷土重来，马赫迪王国灭亡，该教派的活动受到压制。一战期间，英国政府对该教派进行拉拢，承认了马赫迪的遗腹子阿卜杜·拉赫曼·马赫迪的宗教和政治地位，赐予他杰济拉地区的土地，并贷款给他建立植棉场。1926年，英国授予他黑鹰爵士勋章，以后又授予他维多利爵士勋章。1930年以后，他在商业上获得大量利润，成为苏丹最富有的大地主，其家族成为苏丹最富有的家族。1945年，他创建乌玛党。1959年3月，阿卜杜·拉赫曼·马赫迪去世，其长子西迪克·马赫迪被公认为他的继承人和安萨教派领袖。1961年，西迪克·马赫迪去世，其弟哈迪·马赫迪继任安萨教派教长。在军政权执政期间（1958年11月17日至1964年10月下旬），安萨教派曾联合各种反政府力量，发表反政府的联合宣言，要求结束军人专政。经过几次较量，该教派势力大为削弱。军政权下台后，安萨教派遂宣布恢复乌玛党的活动。1970年哈迪·马赫迪去世，其侄子萨迪克·马赫迪成了该教派的实际领袖。该教派据称有几百万信徒，分布在全国，主要集中在西部地区。

苏非教派。苏非教派是伊斯兰教的重要派别之一，在苏丹和其他北非国家都很流行。在苏丹，苏非教派形成许多分支，其可被称为教团，主要的苏非教团如下。①卡迪里亚教团，该教团分裂为一些小教派，各派名称源于其领导者的名字。分别为：谢赫·伊德里斯·瓦德·阿尔巴卜派、雅古巴卜派、阿拉基因派、瓦德·希苏纳派、谢赫·米加什菲派、谢赫·伊巴依德派和谢赫·加利派等。②贝达威亚教团，该教团在苏丹没有领导人，信徒分布在一些大城市，有一些在苏丹最北部的瓦迪哈勒法。③萨玛尼弧教团，信徒分布在青尼罗河、白尼罗河地区，在散纳尔设有支部。④沙扎利亚教团，分布在柏柏尔、达米尔和红海山区。⑤伊德里西亚教团，分布在栋古拉、柏柏尔地区。⑥伊斯梅利亚教团，分布在达巴、达尔富尔和科尔多凡地区。

穆斯林兄弟会、共和国兄弟会。穆斯林兄弟会和共和国兄弟会不是严格意义上的伊斯兰教派，而是一种将政治、军事、宗教融为一体的组织，穆斯林兄弟会1928年始建于埃及，后扩展到苏丹和叙利亚。苏丹的穆斯林兄弟会的信徒主要是知识分子，虽然人数不多，但有一定影响力。苏丹共和国兄弟会领袖是马哈茂德·穆罕默德·塔哈。该派信徒不少，在教育界比较活跃。

哈特米亚教派。哈特米亚教派具有较为久远的历史，其领袖是阿里·米尔加尼。据称目前信徒也有几百万人，主要分布在北部地区和东部贝贾地区。

三 著名清真寺

努尔伊斯兰教中心（清真寺）。在苏丹的首都喀土穆，可以看见为数不少的清真寺散落在大街小巷，它们构成了这个美丽城市的一道独特的风景线。其中最有名的要数努尔伊斯兰教中心，它是苏丹伊斯兰建筑文化景观中的瑰宝，承载着数以千计苏丹穆斯林的浓浓情怀，是苏丹穆斯林对伊斯兰教建筑艺术文化的重要贡献。

这座清真寺于2010年6月18日建成，位于北喀土穆卡夫里区，占地40569平方米，清真寺院内以大理石铺地，三面环以圆柱长廊，主殿高居中央，是清真寺主体建筑的制高点。屋顶的圆穹高40米，两边各有两座20米高的小圆穹，在高昂的建筑之上排列的5个圆穹气势磅礴。主体建筑的四周有4座数十米高的宣礼塔，其通体饰以灰、白两色，自底座到塔尖，光彩夺目。四座尖塔与主体建筑遥相呼应，形成支撑努尔清真寺的伊斯兰文化建筑群。礼拜店内的天花板上悬挂着各式吊灯，诵经讲坛的壁龛缀以大理石和陶瓷吊板；墙壁、圆柱、穹顶都镶嵌各色石片，其组成螺旋形、几何形和花卉图案。宏伟壮观的大殿可容纳2000多人同时做礼拜。

努尔清真寺是结合苏丹传统建筑特点的现代伊斯兰教文化建筑，它坚持以中正的伊斯兰思想发展宗教文化教育与学术研究，曾获题名"首都伊斯兰文化十大名寺"，也是"新世纪喀土穆现代十大景观之一"。苏丹巴希尔总统在致辞中说，作为70%居民信仰伊斯兰教的非洲阿拉伯国家，兴建清真寺、努力传播伊斯兰文化是苏丹政府义不容辞的责任。在苏丹，伊斯兰教不仅仅是人们的一种生活方式，它还有一套综合的行为准则。而努尔清真寺承载着伊斯兰建筑艺术的文化内涵，使伊斯兰文化的精髓在苏丹得以体现。它的建立，是苏丹伊斯兰文化的突出体现，它记载了苏丹现代社会伊斯兰文化的发展过程，具有重要的历史价值和艺术价值[1]。

---

① 王燕、吴富贵：《发现苏丹之美》，中国市场出版社，2012，第135~137页。

尼来清真寺。尼来清真寺的意思是"两条尼罗河"。这座清真寺也是苏丹知名建筑之一，建于 20 世纪 70 年代。它整体呈米黄色，有一座宣礼塔，造型十分简单流畅，没有一点多余、累赘的感觉。这座清真寺最大的特点就是其巧夺天工的无柱结构，以及大量铝材料的使用。在苏丹分外清澈的蓝天白云衬托之下，它那几何形多变的拱顶、简洁大方的装饰、微微泛着金属光泽的外壁，在显得格外肃穆的同时，又充满了现代时尚的气息。更难能可贵的是，这座清真寺的设计灵感来自苏丹喀土穆大学建筑工程系的一个学生，其可以说是原汁原味的民族瑰宝。这座清真寺之所以叫"两条尼罗河"，正因为首都喀土穆是青尼罗河和白尼罗河的交汇之处。这两条尼罗河的支流穿城而过，在喀土穆交汇后一直向北流往埃及，最后注入地中海。由于这两条河流含沙量和水中矿物质不同，交汇之处一条水色如碧，一条白似玉带，虽然它们在同一条河道中，但形成泾渭分明的奇景。这片水域虽无屏障，却因颜色的不同而自然区分。放眼望去，一侧碧波荡漾，一侧浑若白汤，人们如果有幸乘船游览，就仿佛进入了一个幻想般奇异的世界，这让人分不清是梦境还是现实。

第三章　节庆与风俗习惯

第一节　节庆

苏丹既有非洲原始部落的独特风情，又有伊斯兰教浓重质朴的宗教色彩；既有少数民族明快奔放的风俗舞蹈，又有阿訇浑厚悠扬的诵经声。丰富多彩的文化造就了苏丹的别样风情。

一　节庆

开斋节。开斋节是阿拉伯语"尔迪菲图尔"的意译，"尔迪"就是节日的意思。开斋节是伊斯兰教重要节日，即伊斯兰教教历九月全月斋戒结束时，10月1日举行的庆祝开斋仪式。开斋即结束封斋，具体行程为斋月最后一天寻看新月（月牙），见月的次日即行开斋。现在时间已能精确推算，由伊斯兰教组织负责公布，供各地参考。苏丹政府规定开斋节时穆斯林放假3天，非穆斯林放假1天。伊斯兰教规定，9岁以上的女性穆斯林和12岁以上的男性穆斯林，每年斋月（回历莱买丹月），即九月，都要封斋一个月。在封斋期间，穆斯林每日两餐，大约在日出前 1 小时和日落后进餐，白天禁止吃喝和性行为。莱买丹，是阿拉伯语"炎热"的意思，形容封斋的人，通过"炎热"的磨炼，来控制食欲和色欲。据说，真主就是在这个月，将《古兰经》降于邻近的天上，在以后 23 年中，真主派大天仙哲布拉伊把经文陆续从天上降给圣人穆罕默德，因此，斋月是最尊贵的月份，备受穆斯林的重视。主要活动内容有：节日早上成年男子沐浴净身，身着盛装，聚集在清真寺或出荒郊举行会礼，并按规定进行施舍，人们聚集在清真寺做盛大的礼拜，然后开始热闹的节日活动。会礼结束时互道"色兰"，表示节日祝贺，然后依礼俗宴请宾客，互赠节日食品。家家户户都备有丰盛的节日食品，如糖果、点心等，人们身着民族服装，熙熙攘攘，走亲访友，路途相逢要互相拜节祝贺，男女老少成群结队出来游玩。节前每个家庭成员都要向穷人发放"开斋捐"，粉刷房屋，打扫院落，装饰清真寺，同时准备节日食品（宰羊宰鸡等）。一般中年妇女在家待客，年轻夫妇、未婚夫婿要带上礼物，在节日的第一、二天去给岳父、岳母拜节。许多青年还在佳节期间举行婚礼。节日期间穆斯林的晚辈要上门给长辈拜节。

古尔邦节。"古尔邦节"亦称"宰牲节"（阿拉伯语"尔迪古尔邦"的意译），苏丹政府规定古尔邦节穆斯林放假 3 天，"古尔邦节"在开斋节后 70 天举行，即回历 12 月 10 日。节前，人们打扫庭院，制作各种油炸果子等节日食品。节日拂晓，人们起床沐浴，燃香料，然后衣冠严整地到清真寺去参加会礼，沿途诵经赞主。穆斯林齐集清真寺后，由教长率领步入礼拜大殿，会礼时面向圣地麦加方向鞠躬、叩拜，宣讲"瓦尔兹"（教义）。最后，大家相互拜会道萨拉姆。会礼毕，凡家境好一点的都要宰一只羊，有的还宰牛或骆驼。所宰牲畜必须头角端正、体态完整、健壮，没有任何缺陷。宰牲的幼畜须经严格挑选，羊羔一般须满两岁，牛犊、骆驼羔一般须满三岁。宰牲时其主人必须在场，并由教长念"清真言"。所宰之肉分三份，一份自己食用；一份送亲友邻居，招待客人；一份济贫施舍。宰牲典礼结束后，穆斯林开始访亲问友，馈赠礼品，主人按照传统礼节，摆出宴席，与客人同食牛羊肉、糕点和瓜果等。此外，穆斯林还有圣纪、白拉提节、盖德尔夜、阿术拉节、登霄节、法蒂玛忌日、伊斯兰教历新年等节日。

基督教圣诞节。圣诞节是基督教最重要的节日，为庆祝耶稣诞生，每年的 12 月 25 日为圣诞日。12 月 24 日通常称为圣诞夜或平安夜，一般教堂都要举行庆祝耶稣降生的夜礼拜，礼拜中基督徒专门献唱《圣母颂》或《弥赛亚》等名曲。很多教堂以圣诞夜音乐的水准较高而闻名于基督教界。每年圣诞节都有朝圣表演，以再现耶稣诞生时的情景。苏丹政府规定放假 1 天。此外，苏丹还有基督教复活节、惠风节。

苏丹独立日。19 世纪初苏丹被埃及侵占，英国于 19 世纪 70 年代开始向苏丹扩张。1881 年，苏丹宗教领袖穆罕默德·艾哈迈德领导群众开展反英斗争，于 1885 年建立了马赫迪王国。1899 年苏丹沦为英、埃共管国。1953 年苏丹建立自治政府；1956 年 1 月 1 日宣布独立，成立共和国。1969 年 5 月 25 日，尼迈里上校发动军事政变夺取政权，改国名为"苏丹民主共和国"。1985 年 4 月 6 日，达哈卜将军发动军事政变推翻尼迈里政权，成立过渡军事委员会，后将国名改为"苏丹共和国"。1986 年，苏丹举行大选，萨迪克·马赫迪出任总统。苏丹政府规定独立日放假 1 天。

苏丹救国革命日。1989 年 6 月 30 日，以奥马尔·哈桑·艾哈迈德·巴希尔将军为首的军人发动军事政变，推翻萨迪克政府，成立"救国革命指挥委员会"（简称"革指会"），巴希尔出任救国革命指挥委员会主席兼总理、国防部部长和武装军队总司令。1993 年 10 月革指会自行解散，巴希尔改任总统。1996 年初，苏丹举行总统和议会直接选举，巴希尔以 76% 的选票连任总统。4 月 1 日，巴希尔宣誓就职。并在 1996 年、2000 年、2005 年、2010 年和 2015 年的总统大选中五次连任。苏丹政府规定救国革命日放假 1 天。

二 社会礼仪

苏丹人民热情好客，注重礼节。

首先是友人相遇，特别是老朋友久别重逢，彼此握手拥抱，亲切问候。从个人问好一直到问候对方的家属和朋友等，历数分钟之久。异性之间通常点头微笑致意。外来人可称呼苏丹男子为先生，女子为夫人、女士、小姐等。在社会交往中，如被邀请到苏丹人家里做客，你应准时，若以某种理由推辞，其就会感到扫兴，有可能从此和你中断交往。应邀去的客人，进屋之前大多数情况下要脱鞋。苏丹也是一个禁忌颇多的国家，外来人须尽量熟悉和尊重这些习俗。

其次是这里气候炎热，常年烈日焦灼。为了防暑降温，传统的民族服饰大袍就成了苏丹广大人民的最爱。一个国家的服饰往往代表了它的社会风貌和根植的传统，所以除了北部一些较发达的城市居民穿着西方的衬衫西裤之外，苏丹处处进入人们眼帘的还是白色大袍。这种大袍一般是圆筒的一件式套头装，没有领子，一般以棉质为主，长长的没过膝盖直接包裹到脚。由于它很肥大，所以将身体和炙热的空气隔离开来，形成隔热层。苏丹的穆斯林包裹白色的头巾，女性遮盖头发，但是大多数不戴面纱，只是有的时候遇到外人，会羞涩地用袖子遮盖住脸庞。在苏丹，只有富人才能穿上皮鞋，穷人则穿拖鞋或者干脆赤脚。相对于男性服饰的简单大方，妇女们的衣着则多了几分精巧华丽。苏丹妇女喜欢穿着彩色外袍，再装饰各种金银首饰，衣着色彩缤纷，浓艳热烈，这表现出女性天生的爱美心理，但更多已婚妇女喜欢选用黑色或者深色，以表示高尚的品位和庄重的个性。

再次就是美食。苏丹的阿拉伯人以高粱、玉米、小麦、牛羊肉为主要食品，他们保持着自己伊斯兰的传统，忌吃猪肉，不吃怪形食物，不喜欢吃红烩带汁的菜，不饮酒。苏丹的努比亚人喜欢吃在铁板上烙成的高粱面饼。副食主要是秋葵叶、药豆以及牛羊肉。他们爱饮用高粱、麦子或椰枣酿制的啤酒。苏丹贝贾人爱喝鲜奶或炼乳与高粱面混合而成的"奶粥",也爱吃煮肉和烤肉,但不喜欢吃蔬菜,也不吃鱼、蛋和飞禽之类的食物。牛奶和用高粱酿制的啤酒是他们的主要饮料。

复次是纹面。在苏丹,不能不提到传统苏丹人的一种特殊的习惯,就是在脸上描画出美丽的纹面。这种苏丹特有的纹面被称为"沙鲁赫",或者又叫作"法萨伊德"。苏丹人经常把这种纹面刻在脸颊两侧,或者有的部落也会画在太阳穴、额头或嘴唇周围。由于每个部落画纹面的方法都别具特色,所以这种纹面往往成为区别部落间成员的标志。虽然每个部落关于纹面都有自己的传说,但是一般认为它除了装饰的作用以外,还有治疗疾病的功效。然而,现在苏丹的城市居民对传统的纹面已经丧失了兴趣,年轻的一代再也不愿意忍着疼痛、红肿和发炎的危险,在脸上刺出繁复的花纹。只有在农村或者山区,或者传统保存得比较好的地方,才有机会一窥这种古老神秘的纹面风采。它标志着苏丹人民独有的血脉,连接和传承着非洲大陆千年悠久的历史。

最后是苏丹的舞蹈。苏丹人奔放质朴,热情大方,舞蹈是他们用来表达喜怒哀乐的重要方式,也是他们生活中必不可少的重要部分。苏丹的舞蹈和许多阿拉伯舞蹈相似,都带有东方舞的特色。其中最流行的一种是新娘在婚礼上必跳的"新娘舞",又叫"脖子舞"。跳这种舞时,婚姻两家的女性聚集在一起,除了新郎之外的男性一般不能进入观看,特别不能拍照、摄像。舞蹈开始时,女人们唱起"姑娘歌",歌中赞颂新娘的美丽,夸奖女性的种种美德。

最有趣的是，歌词还对男性进行批判和讽刺，极力推崇女性在家里的地位。这种婚前给新郎敲的"警钟"，意在提醒新郎要爱护自己的妻子，保护她的美丽，不要违背伊斯兰教对婚姻的规定。随着歌声，新娘和青年女伴翩翩起舞，扭动自己的脖子，抖动胸部和双肩，模仿阿拉伯人的好伙伴——骆驼的动作和姿态。而一场盛大的苏丹婚礼上，人们绝不仅仅跳这一种舞蹈。尤其是新娘，这是她一生中展示美丽动人身姿的最好时刻，往往要跳几十种舞蹈，每跳一种就更换一套全新的服装，搭配上各种珠宝首饰和金银饰品，这让人眼花缭乱、目不暇接。而客人们也会加入舞蹈之中，祝福新人。苏丹男子跳舞的场面也十分常见。伴随着激烈的鼓点，苏丹男子用矫健的舞步，表达自己强悍的战斗力和男性气息。有时他们手持手鼓或者利剑，有时用白布在头上裹上牛角，模仿牛的动作和叫声，模拟公牛的战斗，伴随着强烈鲜明的节奏，斗志昂扬，气魄雄壮，引得周围人击节呐喊，不由自主地加入舞蹈的人群。各个部落间的舞蹈都各有特色，但是男女老少都是天生的舞蹈家，只要有音乐就可以自然地跳出优美的舞蹈。在上海世博会上，非洲综合馆的苏丹馆里的艺术家们也不负众望，将奔放洒脱的苏丹舞蹈带到了中国，感染着观众们。

此外，苏丹的商务礼仪也使人印象深刻。按照苏丹的商务礼俗，冬天宜穿保守式样的西装。访问政府机关或大公司须先预约。持用英文、阿拉伯文对照之名片会有帮助。苏丹商人几乎都会说英语。销售姿态宜低。首次与苏丹人做生意，务必要求对方开出不可撤销信用证。最好用苏丹镑报 CIF 价,勿报 FOB 价。对方敬咖啡或邀请你至咖啡馆坐坐,不宜拒绝,否则,他会认为这是有失体面的事。应邀至苏丹人家中参加晚宴,一定只有男性出席。切记带礼物给对方,但不要给他的太太带礼物。

以上这些只是苏丹风俗礼仪的一个大致印象,其实苏丹民族文化、风俗习惯与生活方式,是一个多姿多彩的万花筒。信奉伊斯兰教的地方,将非洲本土因素与外来的阿拉伯因素融合在一起,中部则更多地保留了非洲黑人传统文化的特点,苏丹从风俗习惯与民风民俗的异同来看,大体可以分为阿拉伯人、努比亚人、富尔人、贝贾人等几个大的群体。下面将分门别类地对苏丹的民风民俗情况加以介绍。

第二节　风俗习惯

一　阿拉伯人的风俗习惯

纹面。非洲各民族多有纹面之传统,在苏丹,遵从这一习俗的,不仅有苏丹阿拉伯人,还有努比亚人、努巴人和尼罗特人。纹面在苏丹具有悠久的历史。从考古资料来看,早在库施王朝时代,苏丹北部努比亚人已有纹面的习俗。部落居民用烧红的木炭、铁器或刀片在儿童的脸上烙出标示本部落特征的痕迹。从文化史的角度看,纹面是为了在部落械斗中便于识别敌我,也为了体现部落团结,保存其宗谱和光宗耀祖。不纹面的人被视为不重视祖先,人们还认为，用纹面可以衡量父母是否为本部落"忍痛割爱"，同时也可以让孩子从小就尝到铁与火的滋味，长大后便能英勇善战。随着时间的推移，纹面又逐渐发展成了区别教派和家族的标志，甚至演变成美的象征。男孩通常在4、5岁时纹面，女孩在10岁左右纹面。女孩子为了美貌，不仅都要纹面，而且还要在嘴唇周围刺上苔青。对于纹面的图形和位置，不同的部落或教派各有不同，而同一部落中各家的纹面则大同小异。有的在两颊上刻画出三条平行的竖道，有的则画三条平行的横道，还有的是三竖一横。但男女的横道位置有所区别，少数部落的纹面则刻在前额上。

传统服饰。苏丹是一个十分重视保持传统文化的国家。直到今日，苏丹广大居民仍基本上穿着古老的民族服饰。除城市里受过西式教育的知识分子和官员之外，苏丹广大乡村的男人们都穿着阿拉伯式的无领圆筒大长袍，胸围和袖子都很肥大。大袍长到脚踝，正反两面都有胸兜和在侧面开口的大腰兜，可以两面轮换穿。一般人的袍子只把领口开至胸部，钉上纽扣即可，但安萨教派信徒的袍子则要沿领口叠缝一块尖头朝下的三角形布。这种长袍被称为"马赫迪式"长袍，这种袍子因伊斯兰教安萨教派第一任教长马赫迪常穿而得名。

苏丹阿拉伯服饰具有非洲的特点。人们或头戴一顶小圆帽，在帽子上再缠绕一块四码半长的白头巾，有的则只戴布帽不缠头巾。有钱人则喜欢戴一种有黑穗的无边红毡帽，并在帽子上面缠上头巾。脚上穿着拖鞋或凉鞋，而手上戴着戒指，也是苏丹男人常见的样子。在城市中，公职人员白天上班时穿着西装，晚上一回到家便长袍加身，头缠围巾。在一些重要的国家节日和宗教节日里，政府高级官员们都身着民族服装出席庆祝活动。苏丹阿拉伯妇女的着装似乎要开放和自由得多，她们无须像西亚阿拉伯妇女那样蒙面纱或头巾，她们还可穿无袖连衣裙。公共场合，绝大多数人都从头到脚踝披裹一条白纱，有些人的织物是彩色或印花的。妇女们喜欢在手腕、手指和颈项上戴各种金、银、宝石饰物。

烟熏浴。烟熏浴是阿拉伯妇女专属的享受。烟熏浴时，妇女进入一间点燃檀香木、阿拉伯胶木等香木的房间，在浓烈的香烟中用芝麻油擦拭全身。擦拭完毕后继续熏烤，一直坐到全身透出了汗，被熏得通体芳香。随后，由另一位妇女给她按摩全身，洒上香水。于是，她的皮肤就染上了一层透亮的烟黄色，据说这还有助于神经和关节的健康。

饮食。苏丹的阿拉伯人仍保持着传统的吃饭方式，一般习惯用右手抓食，故在饭前饭后都要洗手。左手不抓食，他们将左手称为"不净之手"，这是因为穆斯林极爱清洁，根据宗教风俗，每次便后，都要右手持盛水的器皿，用左手进行清洗，称之为"洗净"。苏丹阿拉伯人以高粱、玉米、小麦、牛肉、羊肉、椰枣和各种蔬菜为主食，并且习惯喝加糖的茶和咖啡。他们的开胃饮料是一种用半生的椰枣、高粱和谷子酿成的"苏丹啤酒"。苏丹阿拉伯人以能忍饥挨饿而闻名。一个游牧民在沙漠中赶路时，可以几天不吃东西，可是过后又能一下子吃下三个人的饭量。

问候礼节。两个男性朋友相遇，一般握手问候。假如两人久别重逢，那么双方要各自把自己的头搭到对方的左右肩上并互相拥抱一次，分外亲热者要来回换肩拥抱多次，接着还要握住对方的一只手俯身亲吻。妇女之间的问候方式是互相亲吻对方的面颊。妇女问候自己的男性近亲时，要向男人低下头，让他吻自己的头部，而自己则只吻他的手。

二 努比亚人的风俗习惯

努比亚人以坦率朴实、乐于助人而著称。他们性格勇敢粗犷，也有人形容他们性格颇为暴躁，说他们开会议事时往往人声鼎沸，"十人讲话，一人倾听"，甚至难免动手。他们自尊而富于进取心，并且非常好客。有不少努比亚人因为熟悉尼罗河水性而成为苏丹最好的船工。还有一些做服务工作的人以整洁和可靠而闻名。

传统服饰。男人一般穿用达摩尔布（一种自织的简单棉织品）缝制的裤子，上身套一件长衫。普通人一般打赤脚，并且不戴帽子，只有上层人物才穿牛皮鞋和戴帽子。妇女们身披长袍，把头发编成很多极细的辫子，让它们垂在背后和两鬓。努比亚人有纹面的传统，其中栋古拉人的纹面是在两颊各画三道垂直线，呈"川"形，竖线一直从眼睛下方伸到下颌。

饮食。努比亚人喜欢吃在铁板上烙成的高粱面饼。他们的副食主要是秋葵叶、药豆等蔬菜和牛肉、羊肉。几样食材同炖，炖好后盛放在木碗里。就餐时，一边吃高粱面饼，一边用手指抓肉和菜吃。他们爱饮没有经过过滤和沉淀的河水，认为澄清过的水不甘甜适口。他们也爱饮用高粱、麦子或椰枣酿制的啤酒。

婚娶。努比亚人喜欢早婚。男女方两家签订婚约后，便择日举行婚礼，并邀请亲朋好友参加。成婚之日，新郎由男女亲友载歌载舞地欢送到新娘家。新娘的家人盛情款待过来宾后，两家当众写下结婚证书。随后，众人把新郎引向新娘的房间，但是，房门锁着，门口还站着一位把住锁扣的"当关者"。新郎在给这位"当关者"的手中塞钱之后，他才把门打开，放新郎和陪伴他的人进屋。进到屋内，新娘家的一位妇女手持水瓢向他们身上洒水。随后，新郎跪下祈祷两次，起身后走到新娘面前，用手触一下她的前额，然后再吻一下自己的手，接着在她的身边坐上15分钟。坐毕，妇女们便把新娘带到另一间屋子里，只留新郎一个人过夜。第二天黎明，新郎早早出门，从田地里带回高粱秆和其他庄稼秆，用它抽打新娘几下，打完后仍旧回到自己屋里去。这种仪式要持续7天，但从第二夜以后，他可以邀请新娘和她的一部分女伴在夜晚到他的房间里来，只是片刻之后她们还得把新娘送回去。7天以后，新娘家盛宴款待众位亲友和宾客，并正式把新娘送进新郎的房间。当她进屋时，新郎要向她手中放上一点金子或银子，名曰"开手"。然后，人们将一些谷粒递到他们两人当中的某一位手里，他（她）接过后，便转递给对方，对方接过后又递回来，如此轮流，每人必须递给对方7次。谷粒在最后一次落到谁的手中，谁就将它们抛到对方的脸上。通常人们都是将谷粒先交给新娘，以便让她最后将其抛到新郎的脸上。

在有些地区，新郎第一次进入新娘的房间后，可与她共度 3 个小时。然后两人在新娘家人的陪同下一同去尼罗河边，两人用河水洗过脸后，还要互向对方洒水。婚礼后，新郎要根据当初的协议在新娘家住上一个月或一个月以上，然后才能带她回自己的家。一个姑娘出嫁后，至死也不能从嘴里说出丈夫的名字。努比亚的男孩，都要按伊斯兰教规行割礼。

三 贝贾人的风俗习惯

尚武忠诚。贝贾人性情粗犷骁勇，气概豪迈。男人大多数精通剑术，并终日佩剑在身。即使夜晚睡觉时，也是枕剑待旦，预防不测。部落内盛行宗法制，部落首领享有极高的威望和权力。部落成员团结紧密，以诚相待。谁要是欺骗了朋友，那就会受到无情的嘲笑，直到他设法取得了被骗方的原谅为止。人们广为称赞贝贾人品德高尚、心地美好，并具有远见卓识。贝贾人极为好客。有客人路过他的家园时，必定要为其杀牛宰羊甚至骆驼，热情款待。如果身边一时没有牲畜可杀，他们就杀掉客人的骆驼，然后赔偿给客人更有价值的东西。

饮食。贝贾人爱喝鲜奶或炼乳与高粱面粥混合而成的"奶粥"，也爱吃煮肉和烤肉。他们不喜欢吃蔬菜，只爱吃鲜的或干的棕榈果。他们也不吃鱼、蛋和飞禽，认为吃鱼会掉牙。牛奶和用高粱酿制的啤酒是他们的主要饮料。男人们大多喝不加糖只放姜末的咖啡。他们几乎整日叼着用胶泥做的小烟斗来吸烟，甚至连说话时也不取下来。

婚俗。贝贾少女一般要同血缘最近的家族中的男青年结婚。如果她不同意，就可以一直拖延不嫁，于是对方便当众宣布不愿娶她，只有这时她才能另找情人。娶亲彩礼的多寡由少女的母亲来决定。求婚者必须将彩礼分送给新娘和她的父母、兄弟姐妹及近亲们，缺一不可。新郎和新娘的父亲必须各给自己的孩子一点结婚喜钱。

婚礼在新娘家特意准备的一所房子内举行，各种仪式要持续一个星期。新婚所用的一切物品，特别是床，都由新娘家准备。婚礼之后，如果新娘过于年轻，新郎就把新娘留在娘家住上一年至二年以后再接她到自己家去。也有的新郎在婚礼结束以后与新娘同住在她的娘家，直到她生了孩子以后，才带她回到自己的家。哈丹达瓦部落的男子结婚后，必须在岳父家住上一年至三年，像对待自己的生父一样孝敬岳父。

女权制遗俗。在阿拉伯穆斯林移居苏丹以前，贝贾人处于女权制社会阶段。他们的家谱按母系计算。人死后，其财产不传给亲生儿子，而是遗留给外甥和外孙。贝贾人皈依伊斯兰教后，虽然其家谱按照穆斯林的习惯改成了按父系计算，但至今仍保留了不少女权制时代遗留下来的风俗，例如，在家庭中，妇女较有地位和权威。她们负责安营扎寨，哺育子女，饲养骆驼，编织席子和毛披风等工作。但她们不管挤牛奶和洗衣服，特别是自己丈夫的衣服。她们认为这两件事很丢脸，因此，挤奶和洗全家的衣服都由男人来做。

如果人们发生了争斗，只要有位妇女进入格斗现场，席地而坐，并摘下头巾，男人们就会立即放下武器，以示对她的尊重。然后请求她盖好头部，返回家中，于是一场纠纷便迎刃而解。男人白天不待在家中，直到日落才归。据说这是为了避免遇上可能前来探望妻子的岳母，或是担心白天在家里难免干预家务，会使妻子不安。晚上回家后，他先不进门，而在屋外自己动手煮咖啡。

夫妻睡觉的床是用树枝、棕榈叶或椰枣叶垫底，上面再铺盖一张席子做成的。妻子的枕头一般是一个塞满草的皮囊，放在西侧；丈夫的枕头则是一段雕刻的木头，放在东侧。假如妻子睡到了丈夫的位置上，那就说明她对他不满，他应该反省自己做错了哪些事。如果双方的矛盾实在无法调和，妻子就干脆拆掉帐篷，返回娘家。只有当丈夫向她赔礼道歉，并付给她一定的赔偿后，她才与他重修于好。男人永远不能从自己口中说出母亲和姐姐的名字。假如有人敢于这样做，则可能导致争吵。

四　努巴人的风俗习惯

两种续家谱方式。大多数努巴人按父系计算家谱，所有权和遗产随父亲的血统下传。但也有少数努巴人按母系传宗接代，孩子属于母亲所属的氏族，通过舅舅来继承母亲家族的遗产，甚至可以在舅舅家里生活。

角斗。努巴人崇拜力量，认为力量是社会发达兴旺的基因，努巴族青年喜欢角斗，自幼就开始学习这项运动。人们常举行角斗比赛。冠军是人们崇拜的偶像，能给自己所在的村增辉。他的奖品是一根合欢树枝，人们将树枝烧成灰，装进一只牛角里授予他。一个努巴族青年若是在重要的角斗比赛中榜上无名，那他就娶不到漂亮的姑娘。角斗士去世后，人们为他们挖两个墓穴，一个掩埋他的尸体，另一个掩埋他在历次角斗比赛中得到的牛角。角斗的形式不尽相同，有手持长矛和盾牌比赛灵活性的；有挥舞木棒互相猛烈冲击的；还有右手腕戴着两公斤重的铜护腕，迅猛砸击对方头部的。但是最后一种比赛非常危险，一旦裁判用木棍将两人分开，比赛立即停止。

五　富尔人及西苏丹部落的风俗习惯

富尔人和达尔富尔地区某些部落的人，如盖麦尔人、塔马人、马萨里特人、比达亚特人、白尔亚特人、白尔格德人和曼多勃人等，被有些人类学家称为半黑人。他们在文化习俗上既有阿拉伯色彩，也有黑人的特征。

服饰。富尔人和达尔富尔地区半黑人部落的男人，一般上身穿肥大袖子、前胸不开襟的衬衣，下身着窄瘦的裤子，头戴小帽，足蹬凉鞋或拖鞋。妇女们喜欢把头发编成一些很细的辫子，用彩色串珠装饰起来。每个部落的妇女都有一种专门的发辫式样，以区别于其他部落。另外，她们还戴有金、银、铜或铁的各种戒指。

婚俗。富尔人喜欢早婚，法律允许一个男人最多可以娶四个妻子。西达尔富尔的盖麦尔人、塔马人和马萨里特人的青年男女，每年逐水草在野外放牧，此时过着一年左右的临时同居生活。如果哪个姑娘为谁怀孕了，那么她就成了他的妻子。但是到了第二年，他们就结束夫妻关系而另寻新欢。

六　比达亚特人的继承权

当父亲去世后，他的儿子和亲属要轮流将他抬到墓地。安葬完毕，儿子们站成一排，得到起跑信号后便一起向家里跑去，谁最先到家且把自己的标枪插进家里的地上，那么他就能继承父亲的全部家产。同时他们还有按母系继承遗产的习俗。

第四章 文化

第一节 文化遗存

苏丹拥有丰富的文化遗存，是一块具有巨大旅游经济开发潜力的热土。苏丹拥有连绵 700 多公里的红海海岸的清新海湾和珊瑚礁。苏丹还拥有古文明遗产，如金字塔和庙宇的遗迹充分证明了这里的古代文明。

一　努比亚走廊

这里是非洲黑人文化与"阿拉伯—伊斯兰文化"的一个大融合世界，因而苏丹境内自北而南，沿尼罗河流域的广阔天地，存留着丰富的古代非洲文明遗址，如古代努比亚文明与库什帝国遗址，麦罗埃的冶铁遗址，都具有世界声誉。引起世人兴趣的，还有两千年前古代基督教在遥远的非洲内陆留下的那些教堂、城堡和修道院遗存，以及公元 8 世纪以后随着伊斯兰教的传入，阿拉伯化的苏丹人在这块热带大陆上创造的独特的非洲伊斯兰文化。

苏丹有着得天独厚的自然风光。从尼罗河第一瀑布到第六瀑布，漫长尼罗河在苏丹境内大拐大弯，形成了大瀑布与大峡谷。在它的中西部则有开阔巨大的热带稀树大草原，苏丹有湿润多雨的热带雨林、红海之滨及热带椰林。此外，在尼罗河上游，青尼罗河、白尼罗河流域有许多风格迥异的景色，特别是它那无边无际的大草原和沼泽地在历史上就曾有巨大的魅力。

长期以来因连年内战，苏丹的旅游业一直十分落后，只是近年来，随着国家经济恢复与政局相对稳定，外国游客才逐渐增多起来。目前除喀土穆外，苏丹其他地方尚无适宜的食宿条件，落后的国内铁路和民航业，也无法向那些想经由喀土穆而前往北部和东部考古遗址考察的人提供便利和安全的条件。苏丹的红海一线有良好的开展潜水活动的资源潜力，但是因海上设施十分贫乏，那些到苏丹水域潜水的人通常都从埃及乘船而来。

二　旅游名胜

喀土穆。喀土穆约 700 万人口（2015 年），最热月为 5 月（26℃～42℃），最冷月为 1 月（16℃～32℃）。首都喀土穆意为"大象鼻子"。青尼罗河、白尼罗河在喀土穆交汇向北流去，颇似大象鼻子，喀土穆也因此而得名。其地形与武汉很相像，也由三镇组成，即喀土穆、北喀土穆和恩图曼，三镇之间有桥相连。喀土穆是苏丹政府机关、外交机构的所在地，苏丹的总统府、总理府、各部、法院等重要机关都设在这里。北喀土穆历史悠久，最初是一个小渔村，

1822 年成为埃及兵营，次年成为埃属苏丹首府。1834 年，土耳其奥斯曼帝国占领苏丹，定都喀土穆。1898 年起，其为英埃属苏丹首府，1956 年苏丹独立后，其被定为首都。恩图曼是喀土穆主要平民生活区，几大自由市场均在恩图曼，具有浓郁的阿拉伯风情，象牙、黑木、鳄鱼皮等制成的民间工艺品体现了苏丹的民族艺术特色。国家民族剧场、议会大厦和古兰经大学也坐落在恩图曼。恩图曼在 1885～1898 年曾是马赫迪王国的都城，市内名胜古迹颇多，有著名的马赫迪陵墓、阿卜杜拉·哈里发纪念馆及清真寺等。喀土穆是一个商业都市，恩图曼是全市商业比较集中的地方，这里既有外国人经营的大商店，也有富于民族特色的阿拉伯市场，北喀土穆是工业区，它集中了全国的大工厂，其中有全国最大的纺织厂、船舶厂和汽车修配厂等。

国家博物馆。始建于 1971 年，是苏丹最大的博物馆。两座大型石雕放在展览厅的门口，有很明显的埃及痕迹。展览厅入口处挂有一幅很大的苏丹考古地图，很多考古工作是在法国人的帮助下完成的。苏丹国家博物馆分为两层，一楼展出的主要是古埃及时期的文物，也包括苏丹历史上尼罗河流域几个重要时期的文物；二楼展出的是古代基督教壁画，壁画馆光线的设计很专业，柔和的光线从屋顶的圆孔中泻下，正映在壁画的关键部分。壁画在周围暗淡的环境映衬下，更突出了精髓，但多数壁画由于年代久远或宗教斗争的原因，已经残缺不全了。从展览厅的二楼，可以看到博物馆前半部分的整体布局。博物馆大院内还有三个玻璃房子，每个玻璃房子中各保存一座神庙。这些神庙原来位于苏丹北部靠近埃及边界的尼罗河两岸。由于埃及在20世纪50年代修建阿斯旺水库，为了保护这些神庙不被上涨的河水淹没，所以苏丹对它们实施异地保护，它们被化整为零搬迁到喀土穆，然后按原样拼装起来。

马赫迪陵墓。其位于恩图曼城东，尼罗河西岸，是为纪念民族英雄马赫迪而修建的纪念馆。马赫迪陵墓是一座伊斯兰风格的淡黄色建筑，高40多米，直径20多米。座基是淡黄色的立方体，座基的每面墙壁上凿有9个拱形窗洞，顶部用银灰色的彩陶贴面。宫室是八面体，也呈淡黄色，每面墙上各开一座银灰色的拱形双扇窗。陵墓上部是一座银灰色的锥形圆顶，顶部中央是一座银灰色金属小塔。主圆顶周围有4座凉亭相护，它们坐落在座基的四角上，底部是四根银灰色柱子，中间是淡黄色拱形门洞，顶部则是银灰色的锥形小圆顶，式样与主圆顶相同，犹如众星捧月，星月增辉。整座建筑外观均衡、协调，色调纯净明丽又富含变化，尤其在灿烂阳光的照耀下，更显得雄伟壮丽。1898年，英国殖民军卷土重来，挖开马赫迪陵墓，悍然将其遗体抛入河中。现陵墓里陈列有雕刻精致的马赫迪棺椁、画像以及他领导苏丹人民武装斗争的实物、图片、资料等，其中有一杆铮亮的长矛，就是当年刺死戈登的锐利武器。

麦罗埃金字塔群。它位于苏丹首都喀土穆以北250千米处，共由220余座金字塔构成了一片庞大的金字塔群。与埃及高大壮观的金字塔不同，苏丹的金字塔群建筑普遍体积较小，因而也被称为"小金字塔"。小金字塔的历史可以追溯到公元前7世纪至公元前3世纪。当时古努比亚人的政治和经济中心从纳巴塔向麦罗埃迁移，并在麦罗埃建立了自己最后一个首都和最大的城市。麦罗埃的历代国王和王后们为自己建造了众多金字塔作为陵墓，每座金字塔前都建有祠堂。但随着麦罗埃的逐渐衰亡，小金字塔的历史也被人们淡忘了。19世纪30年代，意大利寻宝猎人朱塞佩·费里尼第一次发现了小金字塔群，但他并没有对其进行保护，而是砸破了40余座金字塔的顶部，以寻求陪葬的黄金和珍宝。大部分被费里尼带回欧洲的珍宝被珍藏在英国和德国的博物馆中。直到19世纪后期，西方的考古学家才揭开了小金字塔的神秘面纱，将其展现在世人面前。2011年，联合国教科文组织将小金字塔群列为世界文化遗产，这也是苏丹首个世界文化遗产。此后，苏丹政府对这些金字塔群进行了保护，一部分被破坏的金字塔已得到修缮。

苏丹港。苏丹港位于红海西岸。它不仅是一个现代化的港口，还是一个旅游胜地。该港建于20世纪初，现已发展成设备完善的现代化港口。苏丹港专为游客准备了参观"海底公园"的奇妙旅行。游客可搭乘有透明玻璃钢船底的游艇在红海上漫游，通过透明的船底观看"海底公园"各式各样美丽的珊瑚礁和各种各样色彩艳丽的鱼类，如鲜红色的红鳍笛鲷鱼、黄翅金枪鱼、蓝翅金枪鱼、蓝马林鱼、白色墨斗鱼、银白沙丁鱼、带鱼、旗鱼、鹦鹉鱼、剑鱼、梭鱼、鸡鱼等。色泽艳丽的龙虾更是红海的一大特产，海龟、玳瑁等珍奇海生动物应有尽有，它们构成了一个大型天然"水族馆"。在这里，游客不仅可以大饱眼福，还能享受到各种美味的海产品。

总统府。位于青尼罗河畔，是苏丹领导人处理国事、会见贵宾、接受各国外交使节递交国书的重要场所。总统府始建于1834年土耳其奥斯曼帝国占领苏丹时期，当时土耳其人称之为"呼克姆达里亚宫"。19世纪70年代英国人统治苏丹后，将这座行宫用作总督府，并进行了重新设计和改造。总统府饱经百年风雨沧桑，目睹了32名土耳其奥斯曼帝国总督和9名英国总督的亲政历程。1885年1月26日，曾血腥镇压中国太平天国革命的刽子手、时任苏丹总督的戈登，在总统府被苏丹马赫迪起义军用长矛刺死，结束了他罪恶的一生。1956年1月1日，苏丹正式独立，成立了苏丹共和国，昔日总督府上空升起了苏丹国旗。从年轻的共和国诞生之日起，总督府获得了新生，成为共和国的总统府。历经百年变迁的总统府记载并见证了中、苏两国的传统友谊。1964年1月，周恩来总理和陈毅副总理访问苏丹时下榻总统府，陈毅副总理曾作诗一首，赞颂中、苏两国的友谊。现抄录如下：

共和国宫楼上月，曾照戈登此驻节。

将军东去肆劫掠，及返此间被击毙。

人世沧桑每如此，岂有恶徒能不灭。

不意成就中国苏丹之友谊，数十年来人艳说。

尼罗河水长青青，今夜贤主宴嘉宾。

酒过数巡主致辞，屡屡称赞中国大长征。

客人举觞述友谊，言及苏丹打死英国之戈登。

满座一致大鼓掌，中国苏丹友谊最足珍。

主人称赞中国大建设，客人称赞苏丹面貌日日新。

双方共称团结合作最重要，反殖反帝有同心。

仰观明月银光泻，相祝友谊如尼罗河水清。

丁德尔国家公园。位于苏丹、埃塞俄比亚边界卡萨拉省同青尼罗河省交界处。丁德尔国家公园是世界第二大天然动物园，总面积达 7123 平方公里，园内生活着各种各样的野生动物，有狮子、羚羊、斑马、大象、长颈鹿、豹子、犀牛、狒狒、鸵鸟、鳄鱼和巨蟒等。这些动物在这里自由地栖息着，但游客需在车里由导游带领着游览。这里有舒适的宾馆、餐厅和娱乐场所等服务设施，它们可供游客享用。

尼罗河汇流。尼罗河的两条重要支流青尼罗河和白尼罗河在苏丹首都喀土穆汇合，两条河水颜色各异，一条呈青色，一条呈白色，汇流时泾渭分明，甚是壮观。两条河流之所以呈现不同的颜色是由于上游水情和流经地区的地质构造不同。青尼罗河发源于埃塞俄比亚的塔纳湖，流经的地区多岩浆岩层，溶解了大量含硫物质，水色蔚蓝；而白尼罗河发源于乌干达的维多利亚湖，流经的地区大多为沼泽地带，水中所含杂质大部分已沉淀，颜色较为纯净，呈现白色。当这两条河流在喀土穆汇合时，由于流速、比重均不相同，所以相互混合的过程较为缓慢，于是便出现了蓝白分明的壮丽景象。

第二节 文化特色与文化影响

苏丹是一个位于非洲东北部有着古老深厚传统的文明古国，历史上曾创造过辉煌的文化，是兼具阿拉伯与非洲双重属性的国家，因而这个国家的文化与艺术，又颇具民族特色且丰富多彩。

一 文学

（一）文学简史

在中世纪苏丹逐渐阿拉伯化后，阿拉伯文学成为苏丹文学的主体。19~20世纪前25年中，阿拉伯古典诗歌成为苏丹文学的主体。其有两派。一派是以民间创作为基础的口头诗歌，它表现了苏丹遭受埃及马木鲁克王朝和奥斯曼帝国压迫的情况，也反映了当时日常生活的许多方面，含有一定的民族爱国主义成分。代表人物是女诗人乌姆·穆赛姆和兵特·阿里-马卡维。另一派是书面诗歌的继续，它专供受过高等穆斯林教育的上流社会欣赏，其题材内容很少变化，主要是赞颂战功、哀哭和清教徒式的忏悔等。19世纪，侯赛因·扎赫尔（1833~1895年）、穆罕默德·阿赫默德·哈什姆（1825~1910年）、穆罕默德·乌玛尔·阿里-宾纳（1848~1919年）和阿卜德·阿尔拉赫曼·阿里-马达维等诗人的作品皆属此类。

近代以来，苏丹文学的发展进程与阿拉伯世界和非洲大陆的历史命运及政治斗争紧密相连。在苏丹人民反抗土埃和英埃殖民统治的斗争中，曾出现了一批作家和诗人，他们受到当时的反殖斗争的鼓舞，创作出了一些反映斗争实践和歌颂民族主义的文学作品。马赫迪起义失败后，许多诗人、作家战死疆场或被捕入狱，苏丹民族文学曾一度衰落。

进入 20 世纪，英国与埃及的殖民统治及外来文化的影响成为苏丹文学中的新内容。当时，在穆罕默德·赛伊德·阿里-阿巴斯、穆罕默德·阿里-阿明和塔乌费克·阿赫默德等苏丹诗人的作品中，英埃殖民统治这一主题得到直接反映。这一时期的诗歌从内容到形式均无重大变化，许多诗歌充满悲哀失望的情绪，感叹伊斯兰精神的减退，留恋阿拉伯统治的黄金时代，这些情感其实是对外来殖民压迫环境的反映。

英国殖民统治时期，苏丹现代西式教育有了初步发展。1902 年，英国人在喀土穆开办了戈登学院，这所学院培养了苏丹现代史上第一批民族知识分子，其中有些就成为后来苏丹知名的艺术家和诗人、作家。苏丹现代文学发展进程及特征在相当大的程度上是在 20 世纪初兴起的苏丹现代民族解放运动的推动下形成的，同时，苏丹的民族知识分子在第一次世界大战后接触到了欧洲文化和各种新思潮。正是在这一时期，苏丹作家和诗人的创作日趋活跃，苏丹文学出现了繁荣局面。

到了 20 世纪 30 年代，苏丹先后出现了《复兴》、《苏丹之镜》和《曙光》等文学刊物。它们宣传革命思想，探讨文学问题，在苏丹思想史和文学史上产生了重大影响。

在此期间，苏丹首次出现了反映婚姻、习俗等社会问题的短篇小说。此后，随着欧洲文学对苏丹的影响和国内知识分子的增加，苏丹大城市里出现了一些民间性质的文学俱乐部和文学团体，比如1938年在喀土穆成立的"毕业生同学会"和1953年在恩图曼成立的"文学俱乐部"等。

苏丹现代文学。整体上包括三个部分：一是用阿拉伯语写作的作品，它大体上属于世界阿拉伯文学的一部分；二是用英语写作的作品，它其实是西方文学与苏丹文学融合的产物；三是在南方黑人部族社会中保存下来的口头民间文学。事实上，这三个部分的文学是既有差异又有内在联系的，因为现当代的许多有影响的苏丹诗人和作家，如塔吉·艾斯-西尔-汉萨、穆罕默德·密基·易卜拉希米等，都能熟练地使用阿拉伯语和英语进行诗歌创作，而他们的诗歌与艺术作品中反映的社会生活与情感，又是以苏丹乡村世界或民间艺术为基础的。

苏丹当代文学。二战后，苏丹文学在民族解放斗争中逐步发展为具有革命思想和斗争目标的现实主义文学。20世纪六七十年代，长篇小说迅速兴起，几乎成为苏丹文学的主要表现形式。其题材多以农村为背景，反映整个社会的新与旧、进步与保守之间的斗争。20世纪八九十年代苏丹的文学创作进一步繁荣，对社会现实的反映也更为深刻。

苏丹自独立以来，民族文学有了初步的发展，出现了一批有影响力和特色的作家与文学理论家。这些作家大多数都是用阿拉伯语和英语写作的，但他们表达的是一种苏丹特色的民族文学与艺术风格。哈姆扎·马利克·顿不曾写过《论阿拉伯文学的浪漫主义》一文，对现代阿拉伯及非洲文学有自己的思考与评价，他还出版过诗集《自然法》。穆罕默德·艾哈默德·马赫朱卜的《苏丹思想应朝什么方向发展》是苏丹现代知识分子对国家文化发展的探究。此外，诗人哈桑·伊扎特的《泪与情》、优素福·巴什尔·阿特-季赞尼的《东方集》、优素福·穆斯塔法·阿特-丹尼的《初喊集》也是苏丹的重要作品。

独立后的苏丹，出现了一些现实主义流派诗人，他们是穆巴拉克·哈桑·赫利发、萨拉赫·阿赫默德·易卜拉欣等，批评殖民主义和建设苏丹新生活的主题在他们的诗歌中占有主要位置。此外，贾马尔·穆罕默德·艾哈迈德的《女丐》、《非洲话剧》、《非洲实体》、《阿拉伯人与非洲》及诗集《新生的非洲》，门舒尔·哈利德的散文集《与知己者漫谈》，阿里·马克的《黑人文学的典范》、《盲人无罪乎》、《月照庭院》和《土城》，塔伊卜·萨利赫的《移居北方的季节》、《扎因的婚礼》、《市长》和《悬崖》，艾布·巴克尔·哈利德的长篇小说《在矮墙上跳跃》，穆罕默德·赛义德·阿巴斯的《阿巴斯诗集》，以及穆罕默德·马赫迪·马吉古卜的诗集《狂人怒》、《喜讯》和《显贵与迁徙》等，都是苏丹现代文学中的重要作品。

（二）著名文学家

提尼（1909~?），诗人，生于恩图曼。1930年毕业于戈登学院。做过工程师和杂志编辑，参加过苏丹民族解放运动，独立后出任苏丹驻埃及大使等职。20世纪30年代发表诗作，出版过诗集《第一个回声》（1938年）、《意向》

（1955 年）、《提尼诗集》等。其大部分作品描写非洲大自然景色和历史，歌颂美好情感与理想，也有一些作品具有强烈的政治色彩，反映苏丹民族解放运动与人民斗争。

提贾尼（1912～1937 年），现代苏丹诗人，生于恩图曼。毕业于当地的文理学院。著名的长诗《喀土穆》表达了其对祖国和人民的热爱，影响甚大。《教堂与清真寺》一诗呼吁持各种宗教信仰的人团结一致，共同对敌。诗集有《曙光》，于 1942 年在埃及出版。其不少诗歌赞颂人类社会和自然之美，其对自然之美的感受细腻而丰富，其作品具有很强的艺术感染力。

努尔（1909～1942 年），小说家和评论家。生于喀土穆。先后就读于戈登学院和贝鲁特大学。报刊编辑和商会秘书。1927 年开始发表文学评论，主要作品有《小说艺术之本》《文学与评论研究》等。主张文学作品应从生活中汲取素材，运用心理分析方法，突出正面人物。1930 年发表苏丹现代文学史上第一篇短篇小说《我的叔伯兄弟》，其反映苏丹社会的伦理道德和生活风习，揭露殖民统治的罪恶。作品为苏丹现实主义小说奠定了基础。

此外，还有阿卜杜·拉赫曼（1931～1976 年）、马赫朱卜（1908～?）、哈利德（1931～?）、费图里（1930～?）、塔依卜（1921～?）等。

二 艺术

（一）艺术简史

苏丹是一个具有非洲黑人传统与北非阿拉伯传统双重

属性的国家，因而其建筑、绘画、雕刻及其他艺术形式，往往多具有介乎黑人艺术与北非艺术之间的深厚而多元的特点。两三千年前的古代努比亚文明时期，苏丹人民创造了自己辉煌的艺术，大量的神庙、宫殿建筑，既受古埃及艺术风格的影响，又有自己的地域特点。基督教传入后，苏丹境内具有原始基督教形态的艺术形式保留下来，在法拉斯大教堂遗址上迄今残留着原始基督教风格的壁画作品。中世纪以后，努比亚人的艺术与阿拉伯伊斯兰艺术逐渐融合，成为苏丹现代艺术的基础。苏丹的现代艺术与这块土地上曾出现过的古代努比亚艺术、黑人各传统部族艺术、阿拉伯—伊斯兰艺术，都有着复杂的传承关系。近代以来，苏丹的艺术家们逐步受到西方艺术的影响。

1824 年土耳其进攻苏丹时，穆罕默德·阿里帕夏，一个对尼罗河流域的现代化非常感兴趣的人，将现代初等教育引入了苏丹，形成了苏丹传统的哈勒瓦学的实践基础。1936 年，巴科特里达学院建立了一个艺术教育部。该部的领导人是一位英国艺术学家吉恩·皮尔·格林洛。在格林洛的影响下，苏丹的艺术表现形式自 1936 年起便开始朝着更具民族性与现代性的方向发展。当时从戈登学院毕业后的一些苏丹艺术专业学生，到国外接受了西方式的现代艺术教育，深感苏丹的民族艺术只有既继承自己的民族传统与历史精神，又能结合现代世界的艺术需要，在传承社会文化习俗的同时，根据时代发展需要而有所改进，才具有生命力。这些苏丹民族艺术的先驱者曾在当时尝试过在西方传播苏丹的民族艺术，但其并未得到欧洲艺术主流专家们的关注。

一些留学国外的苏丹艺术家回到国内，重新思考民族艺术的价值，他们将艺术与社会生活联系起来，寻找从艺术的角度理解和建设苏丹现代国家的可能。但苏丹的历史文化传统与社会习俗具有复杂而多元的特点，人们对于苏丹艺术的特征与民族精神的核心有着不同的看法。20 世纪60 年代，在喀土穆大学的艺术部，一些苏丹艺术家和教师，展开过一场关于苏丹民族艺术形态走向的论战，这不仅是一场关于精神和观念的论战，同时还是一场关于非洲与伊斯兰世界关系的论战。一些苏丹艺术家认为，苏丹文化是由这两种文化共同造就的，它们在苏丹文化中既有共性又有冲突。这种思想对当代苏丹艺术的发展产生了重要影响。许多人从传统艺术中寻求艺术源泉，使当代苏丹的绘画、雕刻和城市建筑，保持了某种形态的民族特色。在苏丹国家博物馆和喀土穆大学艺术部中，苏丹的大量传统艺术珍品得以保存，并吸引着来自世界各地的非洲艺术爱好者。

苏丹的阿拉伯—伊斯兰艺术。它包括建筑、民居、音乐、舞蹈等，都是在公元 10 世纪以后，随着阿拉伯人的到来和伊斯兰教的传播，在苏丹境内逐渐与传统的古代努比亚艺术融合而成的。苏丹音乐、舞蹈具有一种特别浓郁的东方与非洲风情，其节奏与旋律既有阿拉伯音乐、舞蹈的歌唱性与舞蹈性，又混合了非洲黑人音乐、舞蹈的强烈节奏与动感。苏丹阿拉伯—伊斯兰建筑艺术，主要体现在遍布全国各地的清真寺建筑上。苏丹的清真寺总体上承袭了伊斯兰建筑的特点与风格，但受到苏丹当地建筑材料、气

候和生活方式的影响，又呈现某种程度的本土化特点。有
的清真寺与苏丹传统建筑并没有根本的区别。苏丹国家博
物馆收藏着十分丰富的古代努比亚时期、基督教时期以及
阿拉伯人进入后各个时期的艺术珍品。那些刻满了古代麦
罗埃象形文字和浮雕的石头碑铭，还有罗马人留下的艺术
品，精美的瓷器艺术品和器皿，及在麦罗埃古代王宫附近
发现的罗马皇帝奥古斯都的头像等，都是珍贵的艺术文物。

　　苏丹的西式建筑大体可分为三大类型。第一类是古代
罗马帝国时期留存下来的历史性建筑，主要分布在尼罗河
第一瀑布到喀土穆一带。当时，罗马建筑艺术已经影响到
努比亚地区，许多村落中心和市镇修建了希腊-罗马式的长
方形建筑，优美的罗马浮雕与柱廊结合了麦罗埃人的传统
艺术特色。第二类是公元4~14世纪基督教传入苏丹后留下
的教堂建筑。栋古拉附近有许多古代留下的基督教教堂和
皇宫建筑遗址，它们有哥特式、科林斯式的。其中最著名
的如法拉斯大教堂，它是古代麦罗埃艺术、希腊古典艺术、
基督教艺术混合的产物。法拉斯大教堂内保留了精美的基
督教绘画艺术，那些画在教堂墙壁、天花板和窗户上的圣
像画和装饰画多呈紫色调，线条流畅清晰。苏丹的教堂艺
术受到希腊正教的影响，还融合了当时中东耶路撒冷-巴勒
斯坦与叙利亚的风格。目前，这些古代的西式建筑，只作
为历史遗址存在。第三类是近现代英国殖民时期留下的西
式建筑，其中以位于喀土穆尼罗河畔的总统府最具有代表
性。这座建筑当年曾是英国在苏丹的总督府，苏丹独立后，
被改造成了总统府，也是目前首都喀土穆最好的旧式建筑

之一。首都喀土穆还有一些现代建筑，如 1976 年由中国援建的友谊宫，它由一个会场主体建筑、一个剧场和附属物构成。

（二）主要艺术形式

阿拉伯-非洲音乐、舞蹈。苏丹北方阿拉伯化的民族的音乐与舞蹈是阿拉伯风格与非洲黑人风格混合的产物。喀土穆国家艺术馆和一些文化中心传授阿拉伯音乐、舞蹈。目前苏丹全国最大、最重要的演出场地是苏丹国家剧院，苏丹艺术家协会是重要的组织机构。总的来说，非洲黑人的音乐、舞蹈、面具、服饰艺术是天然地混合在一起的。如今，由于现代生活在乡村与边远地区传播，音乐、舞蹈也有了种种的变化。人们在传承传统的音乐、歌舞时，也在使用现代的电器与乐器。甚至美国和西方的现代音乐，也是从非洲黑人的传统音乐与舞蹈中发展而成的，现代又作为外来的音乐、舞蹈进入了苏丹部族生活的世界中，越来越受到年轻人的喜爱。

三　重要的文化艺术机构

受国家经济发展水平的影响，苏丹现代文化事业与基础设施是比较落后的，有限的文化机构与设施主要集中在首都喀土穆。目前的文化中心主要有下列几个。

阿卜杜·克里姆·米尔加尼文化中心。位于首都喀土穆。该中心在 1998 年 5 月 15 日对外开放，其主要目的是向公众传播文化、知识和科学信息，同时还负责主持一些有关文艺、民间传说和大众文化等方面的讨论会及讲座。该中心设有一个很大的双语（阿拉伯语、英语）图书馆，其中包括儿童读物。

巴希尔·罗雅公共图书馆。该图书馆提供文学和各种文化艺术的服务及相关图书订阅工作，举办展会及文化论坛。

贝特·泰基发文化宫。1991 年建立，它包括一个图书馆、电影俱乐部及一个剧场，同时还主持文化论坛和节日活动。

利比亚阿拉伯文化中心。该中心建于 1988 年 12 月。它建有一个大众图书馆、一个儿童图书馆和一个多媒体图书馆；也提供下列课程与培训：打字、秘书、阿拉伯语书法、照相、录像与电影编辑、杂志报纸和公共关系服务、会计、阿拉伯语、服装设计。它还开展其他的文化活动和举办论坛。

伊朗文化中心。该中心建于 1989 年，它提供伊朗语课程、计算机课程和阿拉伯语书法课程。有普通的和多媒体的图书馆各一间。它还在喀土穆以外其他地方提供相同的服务。

伊拉克文化中心。该中心于 1974 年建立，建有下列文化设施：一个图书馆，一个剧场，一个计算机、录像机房和艺术展览回廊。每周三举办一次文化论坛。建有一个收藏图书馆，并设有会议听众席和展览馆。

英国文化中心。该中心建于 1948 年，它开设英语课程，建有一个收藏图书馆，并设有会议听众席和展览馆。

法国文化中心。该中心提供法语学习课程，有一个图书馆、电视俱乐部，放映电影，举办研讨会、艺术展览及其他文化活动。

德国文化协会。该协会建于 1997 年。协会提供德语课程，有一个图书馆，放映电影和举办文化论坛。每周除了星期五以外都开放。

国家图书馆。位于苏丹首都喀土穆，建于 20 世纪 60 年代初，是政府资助的国内最重要的图书馆，馆内藏有一些珍贵的阿拉伯—伊斯兰教文献，还有一些近代殖民地时期的文献。

喀土穆大学图书馆。苏丹国内藏书最多的图书馆，因收藏有许多本土苏丹人和非洲人的著作而闻名。

苏丹较著名的图书馆还有福里特斯·彼特尔图书馆，它是以英国著名的埃及学专家福里特斯·彼特尔的名字命名的。此外，首都喀土穆还有几个专业图书馆，如国家地理图书馆、苏丹医药研究图书馆。

苏丹国家文献中心。位于喀土穆，收藏着许多有价值的关于苏丹历史和宗教方面的材料。

苏丹国家博物馆。因收藏品丰富而在非洲享有盛誉。它有远古时期努比亚的早期人类文物，以及大量的埃及法老时代流传到努比亚地区的埃及文献、器皿和象形文字雕刻品，还有大量的基督教传播时期的文物。

四　重要的大学

喀土穆大学。苏丹历史最悠久的大学，其前身是始建于 1902 年的戈登学院，戈登学院是按照英国伦敦大学的模式建立的。1956 年戈登学院与喀土穆基切纳医学院合并，被改造成一所综合性大学，并改名为喀土穆大学。喀土穆大学被誉为苏丹的"哈佛大学"，设有医学院、法学院、文学院、农学院、理学院、兽医学院、教育学院、数学科学学院、工程与建筑学院、经济与经济研究学院、研究生院，具有培养许多学科硕士、博士高层次人才的能力。本科学制为文科 4 年，工科 5 年，农医科 6 年；硕士为 2~3 年；博士为 3 年。喀土穆大学与英国伦敦大学一直保持着紧密的关系，教育理念与培养方式多模仿英国伦敦大学。长期以来，由于喀土穆大学有较好的声誉，该校颁发的毕业文凭得到世界上一些著名大学的承认，因而由这所大学毕业而到海外留学的学生很多。当代苏丹各个领域的著名人物，有许多也是从这所大学毕业的。喀土穆大学还建有一些重要的研究中心，如伊斯兰研究所、亚洲与非洲研究中心、环境研究所、发展研究中心、建筑和道路研究所等，与世界许多大学建立了学术联系。

恩图曼伊斯兰大学。始建于 1912 年，这是一所规模比较小的大学，位于首都喀土穆恩图曼镇。这所大学的一个特点是以培养伊斯兰教的高级人才为主，学生毕业后多为穆斯林宗教法官和伊斯兰宗教与法律学者。

恩图曼阿里亚大学。这所大学是一些大学教师、职业人员和商人为纪念恩图曼建市 100 周年而于 1982 年创办的，其目的是满足当地日益增长的对高等教育和培训的需求。恩图曼阿里亚大学是非政府的、职业取向的和自立的。办学经费主要来自私人捐助者、外国基金和苏丹政府。20 世纪90年代初，政府同意将恩图曼西郊30英亩（相当于121405.692672平方米）的土地作为其校园。恩图曼阿里亚大学的课程设置、用英语授课以及满足国家需求的职业培训特点，吸引了大量的学生。这所大学也十分重视公共管理培训、环境与生态研究等学科的发展，因而在苏丹高等教育中比较受欢迎。

杰济拉农业与自然资源学院。这是一所创办于20世纪80年代中期的技术性大学，宗旨是为全国提供农业技术人才，但其办学重点更多的是为它所在地区的农业服务，因为杰济拉是苏丹灌溉农业最发达的地区。尽管政府强调技术教育并鼓励各种国际机构办学，但是1980年时苏丹只有30余所大专水平的技术学院。1976～1977年进入非技术性院校的学生数是进入技术院校学生数的8倍，因而人才市场上所需的技术性人才往往比较短缺。此外，由于技术院校的办学条件比较差，开设课程不合理，师资队伍素质较低，加之教学设备落后，技术学院毕业的学生质量也比较低，因而许多学生把这类学校看作第二选择。

第三节 医疗卫生及体育

一 医疗卫生

与许多非洲国家一样，苏丹长期以来遭受着疟疾、脊髓灰质炎、黄热病、脑髓脊膜炎、麻疹、百日咳、肺结核、传染性肺炎、梅毒、淋病、艾滋病的困扰，此外在白尼罗河流域，以及喀土穆附近的两河流域的灌溉地区，血吸虫病和锥虫病的危害也十分严重。苏丹本国基本不能生产防治这类疾病的药物，而国家缺乏资金，亦难以大量从国外购买抗疟药和抗生素等最基本的药品，甚至诸如注射器等最基本的医用物品也十分短缺。在喀土穆等大城市里，私人医疗保健机构虽然仍在发挥作用，但也受到药品短缺的制约，药品费用高昂，非普通百姓所能承受。据世界卫生组织统计，2013 年苏丹全国医疗卫生支出占 GDP 的 6.5%，按照购买力平价计算，人均医疗健康支出 221 美元；2015年苏丹人均寿命为 64 岁。

世界卫生组织通报介绍，受资金匮乏的长期困扰，苏丹现有 11 家医疗卫生机构被迫停业，另有 49 家医疗机构面临即将关门的风险。这一问题将使约 100 万人口受到冲击，其中包括超过 32 岁的育龄妇女和 5 岁以下的儿童，他们将无法获得关键的孕产妇和儿童保健服务。目前估计有 77 万人口已经或正在遭受因医疗机构关闭带来的影响，这一数字将随着难民的大量涌入而持续攀升。同时，随着越来越多卫生设施的关闭，内部流离失所者以及东道社区获得初级保健服务的机会将愈发有限，直接后果是免疫接种服务难以得到保障，由此增加了流行病扩散的风险，并导致发病率和死亡率上升。此外，苏丹卫生部门所获得的援助资金很难到位。仅 2016 年维持苏丹医疗卫生部门正常运转所需的资金只有 42%基本到位。

自 1971 年起，中国政府向苏丹派遣医疗队。中国援助苏丹医疗队除为苏丹居民医治伤病外，还为驻苏丹中资机构提供医疗服务。中国援苏医疗队工作驻地是恩图曼友谊医院，其在阿布欧舍、达马津还设有医疗基层点。2015 年 9 月，第 32 批援苏医疗队抵达苏丹，该批医疗队共有 42 名队员，包括内科、外科、五官科、妇科、骨科、针灸、麻醉、检验、理疗和护理等多个专业，他们全部来自陕西省各大医院。2015 年，援苏医疗队共接诊病人 55226 人次，收治住院病人 2564 名，抢救危重病人 107 名，实施手术 9700 例，实施麻醉 2166 例，针灸治疗 7599 例，培训当地医护人员 250 名。援苏医疗队以热情的服务和精湛的医术，赢得了院方和当地民众较高的赞誉。

二　体育

苏丹体育具有民族传统。从远古时代起，苏丹人就热衷于体育运动，他们尤为热衷马术、摔跤和游泳等运动。殖民统治时期，现代体育有了初步发展，苏丹出现了一些体育俱乐部，各专业俱乐部还曾制定了自己的体育运动规则。独立后，苏丹体育运动开展，设施也逐渐建立起来，政府在 20 世纪 70 年代中期建立了国家体育运动委员会和训练局。足球、乒乓球运动已经有一定的群众基础。在喀土穆地区，最主要的体育俱乐部有希莱俱乐部、麦雷哈俱乐部、莫拉达俱乐部等。苏丹各州也有自己的体育俱乐部。虽然几乎所有的体育项目在苏丹都很受欢迎，但足球显然是最受欢迎的体育运动，苏丹有大量的球迷，足球运动在苏丹受到广泛支持。

第四节　新闻事业

一　传媒

苏丹国土广阔，电视与广播是极重要的大众传媒。长期以来，广播与电视都被政府掌控。官方的苏丹通讯社（简称 SUNA）于 1971 年成立，用阿拉伯语、英语和法语向国内外发布苏丹新闻。苏丹通讯社在一些东非国家的首都如内罗毕、摩加迪沙、恩贾梅纳、开罗、吉布提设有分社，并与法国、德国、伊朗、伊拉克、利比亚、叙利亚等国的通讯社以及中东通讯社、塔斯社、新华社有交流和业务联系。

二　报纸、杂志

苏丹的报纸、杂志，大小不一，称谓繁多，各具特色。报纸的版面题材广泛，内容丰富，发行量有百万份之多；杂志虽小，仅方寸之地的版面却囊括五洲风云、四海波涛，吸引各界读者。因此，苏丹在非洲国家中素享"传媒之国"美誉。

独立之初，仅在首都有几家报社。20 世纪六七十年代，报社逐渐增加，重要的报纸有《新闻天时报》、《苏丹财报》及《兄弟》等。1989 年巴希尔执政之前，苏丹的新闻舆论较为自由，大多数政党都定期出版各种报刊。当时，喀土穆共有 22 种日报，其中 19 种使用阿拉伯语，3 种使用英语。全国共有日报、周报和杂志 54 种。据联合国教科文组织统计资料，1996年苏丹全国每天日报平均发行量为73.7万份。20世纪90年代以来，新闻媒体受到军政权的限制，救国革命指挥委员会曾一度禁止了所有报纸，使1000多名记者失业，还有一些记者在政变后遭到逮捕，其中包括苏丹通讯社主任和月刊《今日苏丹》的编辑。政变后的苏丹实行了严格的新闻审查制度，救国革命指挥委员会只允许少数几家报纸和期刊发行，它们全都由官方检查人员编辑，并由军队和政府出版。《国家拯救报》曾是政变初期最主要的阿拉伯语日报。

近年来，苏丹的新闻环境有所放松，报纸、杂志种类繁多，报纸数量增加较快。苏丹的全国性和地区性各类报刊有近百种，主要为阿拉伯语和英语报刊，深刻影响着苏丹人民的日常生活。其中重要的阿拉伯语日报有《先驱报》《今日新闻报》《消息报》《东方报》《苏丹视点报》《舆论报》《潮流报》《苏丹论坛报》《关注报》《见证报》《今日金字塔报》《世界之星报》等；其中《先驱报》最受苏丹民众喜爱，苏丹读者将《先驱报》尊崇为"国报"，其被视为苏丹的"报中之王"，其发行量和出口量占苏丹报纸发行量和出口量的一半以上，是苏丹发行量和出口量最大的日报，主要反映政府观点，是苏丹最有影响力的报纸之一。《先驱报》如同中国的《人民日报》，是苏丹全国大会党的党报，被视为党的喉舌，其地位、作用、影响力以及工作的重点主要是围绕党和政府的中心工作进行新闻宣传。因此，《先驱报》既是苏丹民众了解苏丹大会党精神的最主要媒体，也是世界了解和观察苏丹的重要窗口。目前，《先驱报》在苏丹各地和世界近百个国家和地区发行，是苏丹最具权威性的综合性报纸，被联合国教科文组织评为世界十大主要报刊之一。《先驱报》在苏丹各地设有多个记者站，在非洲及欧洲设有办事处并派驻了记者，并同中国国际广播电台、人民日报社等中国新闻传媒有着良好的业务交流合作关系。重要的英文日报有《新地平线报》《喀土穆观察报》《苏丹镜报》，英文月刊有《苏丹标准报》《今日苏丹》等。发行这些报纸的报社几乎全都在首都喀土穆。

杂志有阿拉伯语版的《会晤》半月刊、《今日达尔富尔》，英语版《今日苏丹》月刊、《尊严》妇女杂志、《未来》半月刊、《新地平线》月刊、《The Image》杂志，以及苏丹财政部出版的阿拉伯语版的《经济界》、苏丹巴桑特传媒有限公司出版的阿拉伯语国际经济月刊《巴桑特》、苏丹电力和水坝部主办的《麦罗维水坝》、苏丹青年体育文化部主办的已有40年办刊历史的《青年·体育》等。其中《会晤》是苏丹极为有影响力的阿拉伯语半月刊综合性杂志。《会晤》杂志创办于1964年，近半个世纪以来，该杂志面向苏丹广大读者，始终遵循读者至上的办刊原则，与时俱进，真实报道和记录了苏丹在经济、社会、文化各个方面的成就及变化，把21世纪多彩多姿、充满活力的苏丹介绍给世界，为苏丹树立了良好的形象，对增进苏丹人民与各国人民的友谊起到了积极的促进作用，受到苏丹及阿拉伯世界读者的广泛好评，被誉为苏丹对外宣传的"窗口"与"桥梁"。

三　电视台与广播电台

苏丹传媒界自豪地说："一座电视台，半部苏丹史；一座广播电台，半部苏丹古籍。"作为喀土穆最具代表性的、创办于1940年4月的苏丹国家广播电台和于1963年12月开播的苏丹国家电视台将独具非洲阿拉伯风韵的苏丹的悠久历史、民众生活、国民经济建设成果、民族部落、国际政治等有声有色地展现在世界面前。

电视台。苏丹的主要电视台有3家，分别位于恩图曼、中部的杰济拉和北部的阿特巴拉。其中1963年12月开播的位于恩图曼的苏丹国家电视台是最主要的电视台，其地位和级别等同于中国的中央电视台。每天24小时用阿拉伯语、英语播出各类丰富多彩的卫星电视节目，如苏丹新闻联播，州府要闻，时政要闻，国际新闻以及经贸、文教、民俗、艺术、体育、旅游、宗教、保健、特产、音乐、商业、儿童等节目，无所不包。

广播电台。苏丹国家广播电台建于1940年4月，位于恩图曼。从1940年4月创办至今，苏丹国家广播电台始终是国家政治、经济和文化的听觉传播中枢。进入2000年以来，随着苏丹石油工业的飞速发展和国际地位的不断提高，苏丹国家广播电台的节目内容越来越丰富，播音制作量大大增加，苏丹国家广播电台迎来了它的黄金时期。目前，苏丹国家广播电台拥有两个听众点播率最高的电台，一个是杜果音乐台，另一个是恩图曼广播电台。栏目主要有《时政之声》《都市之声》《苏丹之声》《文艺之声》《体育

之声》《交通之声》《医药之声》《教学之声》《宗教之声》
《旅游之声》《音乐之声》《娱乐广播》等。尽管现在的有
线电视、无线网络在苏丹日渐普及，但是无线电广播仍拥
有广泛的听众。

第五章 对外关系

第一节 外交政策

　　苏丹是非洲大陆一个具有重要战略位置与特殊影响力的国家。独立以来，苏丹对外关系经历了复杂的演变过程。它与非洲国家的关系总体上是和平友好的，而与中东阿拉伯国家的关系一直较为紧密与特殊。与东西方国家的关系在不同时期却很不一样。大体说来，在独立之初，苏丹与欧美国家的关系比较紧密，但自 1958 年第一次军事政变后，它与西方的关系就时好时坏，与俄罗斯及其他东欧国家的关系也就是在这样的背景下发展起来的。苏丹奉行独立自主的外交政策，维护国家主权，反对西方强权政治，主张加强阿拉伯国家团结，密切同非洲国家的合作，重视同中国等国家发展友好合作关系。苏丹致力于睦邻友好，积极改善同美国等西方国家的关系，外交更趋灵活、务实。截至目前，苏丹同世界上近 100 个国家建立了外交关系。

第二节　与主要国家的关系

一　与南苏丹的关系

2011 年 7 月 9 日，南苏丹独立建国，苏丹和平分裂。但由于双方在边界划分、石油利益分配、阿布耶伊归属等重大问题上分歧严重，有关谈判进展缓慢，两国龃龉不断，并曾爆发激烈的边境冲突。2012 年 4 月 18 日，苏丹总统巴希尔对南苏丹宣战，并誓言要推翻由苏丹人民解放运动所领导的南苏丹现政权。此后，非盟提出解决两国问题的"路线图"，安理会先后通过 2046 号、2047 号决议，主要援引非盟"路线图"内容，指出如有必要将有意根据《联合国宪章》第 41 条采取制裁措施。其后，两国在非盟主持下进行多轮谈判。2012 年 9 月 27 日，两国元首在亚的斯亚贝巴就双边合作以及边境安全、经济、公民地位等问题签署一系列协议，但双方在边界划分及阿布耶伊地区归属问题上仍存分歧。在非盟的积极斡旋下，2013 年 3 月两国在亚的斯亚贝巴就执行边界安全协议和非盟提出的执行已达成协议的时间表达成一致，但尚未完全落实。6 月，苏丹总统巴希尔指责南苏丹支持苏境内叛军，宣布给予南 60 天期限切断与叛军联系，否则将禁止南利用苏境内输油管道出口石油。在国际社会的积极斡旋下，苏方两度延长关停输油管道期限。9 月 3 日，南苏丹总统基尔访问苏丹，苏丹总统巴希尔表示南可继续通过苏境内输油管道出口石油，基尔总统则称南将切断与苏境内叛军的联系。10月22日，苏丹总统巴希尔访问南苏丹，双方同意尽快建立边界非军事区和开放边境口岸，加快建立阿布耶伊地区行政、立法和警察机构。11月20日，两国总统在出席阿拉伯-非洲峰会期间再次举行会晤。12月15日，南苏丹国内爆发冲突后，苏丹积极参与东非间政府组织（伊加特）的斡旋行动，巴希尔总统于2014年1月6日访问南苏丹，表示苏支持南通过和平谈判解决冲突，承诺开放边界和接收南难民。3月13日，巴希尔总统出席了伊加特就南苏丹问题召开的特别峰会。自2015年以来，两国积极探讨执行2012年9月签署的合作协议，并就调整石油过境费问题初步达成一致，但近期两国互相指责对方支持叛军调门升高。

二 与美国的关系

二战以前，苏丹与美国基本上没有直接的关系。苏丹独立后，两国关系逐渐发展起来，1952年美国在喀土穆设立联络处，1956年苏丹独立后，其升格为大使馆，受复杂的国际形势及地区环境因素的影响，两国关系忽冷忽热，呈波浪式地向前推进。

20世纪70年代，美国与苏丹关系发展较快，为了在与苏联的争霸中能够获得在中东北非地区的有利地位，美国加大了对苏丹的支持与扶植，给苏丹提供大量的军事援助。1969年，军人出身的加法尔·穆罕默德·尼迈里领导了"五月革命"，成立了苏丹民主共和国，使苏丹进入了一个崭新的发展时期。尼迈里总统重视发展与美国的关系，结束了苏丹自 1967 年"六五战争"以来与美国的"断交"，苏丹于 1972 年与美国重新建立了外交关系，之后两国关系不断向前发展，美国在苏丹的经济势力逐渐扩大。在尼迈里执政期间，苏丹与美国在军事和石油等领域进行了多方面合作，这一时期是苏丹和美国关系最密切的时期。

1989 年，巴希尔通过政变上台后，两国关系急剧恶化。1993 年，美国将苏丹列入支持恐怖主义国家名单，并于 1996 年推动安理会通过决议，对苏丹进行外交和航空制裁。1997 年美国单方面对苏丹实施经济制裁。1998 年 8 月，美国指责苏丹卷入美国驻坦桑尼亚和肯尼亚使馆爆炸案，并以苏丹希法制药厂生产违禁化学武器为由，用导弹炸毁了该药厂，苏美关系严重恶化。

"9·11"事件发生后，苏丹为撇清与恐怖组织的关系，加强了与美国的交流与合作，两国关系趋向缓和。但开始于 2003 年的达尔富尔冲突使得美国与苏丹两国关系变得紧张起来，美国坚持将改善美苏关系与苏丹落实《全面和平协议》和解决达尔富尔问题挂钩。2009 年 10 月，美国公布对苏丹新政策，其由过去一味施压转为保持压力与进行接触并重，美国表示将与苏丹保持对话，以推动达尔富尔问题解决和《全面和平协议》的落实，并根据苏方表现予以奖惩。2011 年 2 月，苏丹外长库尔提访美，美表示如苏承认南方独立，将启动把苏从支持恐怖主义国家名单中除名的进程。2011 年 11 月，奥巴马表示，苏政府持续对美国国家安全和外交政策构成威胁，决定将对苏紧急状态延长一年，同时维持对苏制裁。2012 年 11 月，美宣布对苏制裁再度延长一年。2013 年 5 月，苏外长库尔提在非盟峰会期间会见美国国务卿克里。9 月，美国国务卿克里在联合国大会期间会见苏外长库尔提。10 月，美宣布对苏制裁再度延长一年。2016 年 2 月，美驻苏使馆表示，在苏丹彻底解决达尔富尔等地冲突之前，美国不会将苏丹从支持恐怖主义国家名单中删除和取消经济制裁。2017 年 1 月 13 日，美国总统奥巴马签署行政命令，宣布放宽对苏丹的制裁。同时，美国财政部外国资产控制办公室（OFAC）发布公告，声称为配合奥巴马总统的行政命令，OFAC 对原先执行的"苏丹制裁法案"（The Sudanese Sanction Regulations，简称 SSR）进行修正。从 2017 年 1 月 17 日起，美国将重新批准此前因制裁而被中止的美、苏贸易，解冻苏丹政府在美资产，允许美国公民涉足苏丹石油和天然气行业，并为苏丹与第三国开展金融业务提供便利①。2017 年 10 月 6 日，美国国务院宣布，鉴于苏丹政府在多个方面采取了"持续的积极行动"，美国自本月 12 日起解除对苏丹长达 20 年的经济制裁。

三　与埃及的关系

苏丹与埃及在历史上关系密切，在苏丹对外关系中，苏丹与同处尼罗河河畔的埃及的关系最为悠久。苏丹和埃及同为阿拉伯国家，又同时位于非洲地区，在阿拉伯国家

---

① 《美国宣布放宽对苏丹制裁》，中华人民共和国驻苏丹共和国大使馆经济商务参赞处网站，http：//sd. mofcom. gov. cn/article/jmxw/201701/20170102507727. shtml。

联盟和非洲联盟内均占有一席之地。此外，两国均濒临红海，战略位置十分重要，这种双重特性和特殊战略位置使它们极易成为大国争夺的焦点。

苏丹独立后开始了与埃及的新型国家关系。1974年，苏丹尼迈里总统和埃及萨达特总统签署了《苏丹民主共和国和阿拉伯埃及共和国政治行动和经济一体化计划》。随后苏丹和埃及达成了为期25年的《联合防御协议》。这两个文件的签订使得埃苏两国的友好关系发展到顶峰。1985年达哈卜发动政变推翻尼迈里政府，尼迈里得到埃及的庇护，埃及政府拒绝将尼迈里引渡回苏丹，导致两国关系渐冷进而陷入僵局，再者，哈拉伊卜边界①争端始终是影响埃及和苏丹关系的敏感问题，使两国关系忽冷忽热，呈波浪式向前发展。1995年6月刺杀穆巴拉克总统未遂事件发生后，埃指责苏涉嫌此案，两国关系进一步恶化。近年来，苏埃关系进入全面正常化阶段。2004年1月、7月和12月，巴希尔总统先后三次访问埃及。6月，埃及总理奥贝得回访苏丹，使得两国政治、经贸关系得到进一步的发展②。

南苏丹独立后，达尔富尔地区依然归苏丹政府管辖，在达尔富尔问题上，埃及坚定地支持巴希尔政府维护苏丹

---

① 苏埃两国靠近红海的边界地区有个叫作哈拉伊卜的三角区，该地区是一片不足一万平方公里的不毛之地，但该地区蕴藏着丰富的石油资源，基于资源问题和战略上的考虑，两国一直都把该地区看作自己的领土，因此哈拉伊卜地区问题成为非洲的"克什米尔问题"。

② 杨彪：《穆巴拉克时期埃及与苏丹关系研究》，山西师范大学硕士学位论文，2015。

独立主权和领土完整，埃及过渡政府认为达尔富尔地区是苏丹政府不可分割的一部分，任何试图分裂苏丹领土的行为都将受到严厉的打击。《达尔富尔和平协定》签订后，埃及作为地区大国，将与非盟和联合国一道继续为实现达尔富尔地区的和平与发展发挥应有的作用。然而，苏丹政府一直以来把达尔富尔问题看作苏丹的内政问题，不希望埃及过多地卷入，苏丹政府认为这是埃及在干涉其内政。埃及积极参与达尔富尔地区事务的原因在于埃及政府担心持续的达尔富尔冲突会对埃及的边境安全和国内稳定造成威胁，同时埃及国内民众也支持政府参与该地区事务，这显然与苏丹对埃及参与达尔富尔问题的态度背道而驰。鉴于边界安全，埃及有必要解决好达尔富尔问题，把维护好苏丹国家统一作为其对苏丹的长远战略[①]。

四　与埃塞俄比亚的关系

双方曾因相互支持对方反对派而长期交恶。近年来，苏埃关系进入全面正常化阶段，两国保持睦邻友好关系。埃塞俄比亚对苏和平进程予以支持。2005 年 4 月，巴希尔总统参加在亚的斯亚贝巴举行的"东非首脑会议"，并会见了埃塞俄比亚总理，双方决定将部长级会议升格为首脑级会晤。2010 年 5 月，埃塞俄比亚总理梅莱斯参加了巴希尔总统的就职典礼。2011 年 6 月，在梅莱斯总理的主持下，

---

① 杨彪：《穆巴拉克时期埃及与苏丹关系研究》，山西师范大学硕士学位论文，2015。

苏北南双方在亚的斯亚贝巴就阿布耶伊问题达成一致，同意解除在该地区的军事武装，并由联合国和埃塞俄比亚政府在该地区尽快部署维和部队。2012年1月，在第十八届非盟首脑会议期间，梅莱斯总理召集肯尼亚和苏丹、南苏丹总统举行四方峰会，商讨解决苏丹、南苏丹石油利益分配问题。9月27日，苏丹、南苏丹元首在亚的斯亚贝巴就双边合作以及边境安全、经济、公民地位等问题签署一系列协议。2013年3月，苏丹、南苏丹在亚的斯亚贝巴就执行边界安全协议和非盟提出的执行已达成协议的时间表达成一致。2014年2月，苏丹与埃塞俄比亚签署协议，以建立两国边境联合部队。

五　与利比亚的关系

苏丹与利比亚的关系在20世纪70年代后期和整个20世纪80年代处于极端敌对和几乎密切的交替状态之中。1975年和1976年，苏丹发生两起有利比亚背景的未遂政变，苏同利断交。1978年两国复交。1981年，两国因乍得问题再次断交。1985年苏发生政变，利率先承认苏新政权。1989年巴希尔执政后，两国正式签署了政治、经济、教育、文化、社会、安全等方面实现全面统一的一体化协议，但两国关系并无实质性进展。1997年后，利比亚积极调解苏丹与乌干达、埃及和厄立特里亚等国关系，还在苏丹政府与反对派之间进行斡旋。2001年5月、6月，利比亚领导人卡扎菲访问苏丹。利比亚召集埃及和苏丹外长在的黎波里开会，以积极支持苏丹政府为实现国家和平所做出的努力。达尔富尔问题爆发后，利比亚积极斡旋并于 2004 年 10 月和 2005 年 5 月就达尔富尔问题主持召开了两次小型非洲首脑会议。2009 年，利积极参与达尔富尔反对派整合活动，推动部分反对派组成"的黎波里小组"以参与多哈和谈。2010 年 6 月，由于苏丹和利比亚两国在引渡"正义与平等运动"领导人易卜拉欣问题上分歧明显，两国关系紧张。2011 年利局势动荡后，苏谴责卡扎菲政权对本国民众实施轰炸和屠杀，并向利提供食品、医疗等人道主义援助。2012 年 1 月，巴希尔总统访问利比亚。12 月，利比亚总理访问苏丹。

六　与乍得的关系

苏丹与乍得关系因达尔富尔问题一度紧张。经有关各方努力协调，苏乍先后 6 次签署和解协议。2008 年 5 月，苏丹达尔富尔地区反政府武装"正义与平等运动"袭击苏首都喀土穆，苏丹指责乍得参与策划和实施了这一袭击行动，遂宣布与乍断交。8 月，在利比亚斡旋下，苏乍同意恢复外交关系。2009 年 5 月 3 日，在卡塔尔和利比亚等努力下，苏乍双方在卡塔尔首都多哈签署和平协议。4 日，反对乍政府的武装组织同乍政府军激烈交火。乍随即发表公报，指责苏丹支持对乍政府军的进攻。苏方对此予以否认。此后，乍军多次空袭达尔富尔，并派遣地面部队进入苏境内追捕叛军。苏对此保持克制。其后双方均有意改善关系，承诺不再支持对方叛军，乍得已停止向"正义与平等运动"提供基地和武器装备。2010 年两国总统互访，双方关系实现正常化。2015 年初，乍得总统再次访苏，双边关系进一步拉近。

第六章　中国与苏丹的关系与交往

　　1959 年 2 月 4 日，中国与苏丹正式建立外交关系，苏丹是阿拉伯国家和非洲大陆最早与中国建交的国家之一。经过半个多世纪的发展，两国已形成了长期稳定、内容广泛的友好合作关系，堪称南南合作的典范。在政治、经贸、文教、卫生、文化等领域的友好合作富有成效，两国经贸合作前景广阔。

第一节　与中国的关系

　　苏丹和中国的贸易关系源远流长。2000 多年来，苏丹与中国一直保持着交往。中国史料记载，苏丹东部港口早在公元前就通过海路与远东建立了贸易往来，苏丹的物产例如祖母绿、黄玉等自霍普特三世统治时期就已经被运往中国了；一些中国学者认为西汉时期的统治者与苏丹北部的库施王朝有联系，在库施王朝的都城麦罗埃出土的中国制金属瓶子，以及在此地和苏丹其他沿海城市考古发掘出的不计其数的中国瓷片就是最好的例证。

中国学者张兴烺认为中国地理学家早就听说过苏丹[①]。他认为段成式于850~860年所著的《酉阳杂俎》中有关"悉怛国出好马"的记载就是最好的证明，一般认为，所谓"悉怛"就是当时中国对苏丹的称呼。杜环在公元8世纪中期到过苏丹东部，这里的巴迪、阿宜宰布、萨瓦金港口在苏丹与远东，特别是与中国建立关系之初发挥了重要的历史作用。其中最重要的当属阿宜宰布，对阿拉伯的商人、地理学家和历史学家来说，这个古老的海港最为出名。在阿宜宰布的考古发掘中出土了许多伊斯兰教兴起之前的中国彩色陶器。公元15世纪，这个港口还是苏丹与中国贸易往来的必经之地。许多阿拉伯—伊斯兰典籍都指出，它是与远东（包括中国）进行商贸交流的重要站点。

由此可知，阿宜宰布曾经是苏丹与中国交流的重要枢纽之一，也许自中国的唐朝开始，苏丹与中国就已经有了贸易往来。许多苏丹和外国的考古学家已经在阿宜宰布的海滨沿岸发现了几千件中国瓷器的碎片，其历史可以不间断地从中国的明朝一直追溯至唐朝，这意味着中国与苏丹在这几个世纪里都一直保持着贸易往来，阿宜宰布也是将中国瓷器运送至阿斯旺以及其他埃及城市、苏丹国内甚至非洲西部的中转站。当然，阿宜宰布也不是苏丹东部与中

---

① 陈公元：《古代非洲与中国的友好交往》，商务印书馆，1985，第15页。

国保持贸易往来的唯一港口。另一个古代港口——萨瓦金港口也十分重要。在萨瓦金经济繁荣的鼎盛时期，它与阿拉伯半岛、埃塞俄比亚、斯里兰卡、中国、印度之间的贸易往来均非常频繁。可以肯定的是，考古学家们在萨瓦金港口发现的中国不同朝代的瓷器的碎片就是中国与苏丹在这里通商的实证①。古代苏丹与中国的往来并不只限于阿宜宰布和萨瓦金港口，考古学家在努比亚地区也发现了中国宋朝的青瓷，在苏丹西部还发现了中国的丝绸布料等。这些无不证明两国之间的贸易活动及往来至少已经绵亘千年。

在苏丹马赫迪革命爆发期间以及此后的英国殖民者统治期间，两国以萨瓦金为中转站的贸易往来也从未中断，延续了两国自古以来的友好感情。19世纪末20世纪初，穆罕默德·哈吉·阿里在两国贸易往来中有着举足轻重的作用。他在中国开设了第一个苏丹贸易办事处，这极有可能是苏丹在国外开设的第一个此类机构；他还与中国人通婚，主动融入中国社会，他的下一代保留了中国的血脉，他们是两国人民在经济、社会上保持友好关系的最好证明。他向中国出口的商品直至20世纪20年代还一直是苏丹对中国的主要出口物。

---

① Gaafar K. Ahmed, The Relations between Sudan and China: From the Pre-Is-lamic Era Until the 19th Century with Special Focus on the Relations during Tang and Song Dynasties in China, Dirasat Ifriqiyya, African University, Khatoum, No. 18, Jan. 1998, pp. 14-15.

第二节　中国与苏丹的关系往来

一　新中国成立初期

1955年4月，万隆会议的召开拉开了两国真正友好和平交往的序幕。在1955年的万隆会议期间，新中国的外交政策为更多国家所理解，周恩来总理作为世界级外交家的人格魅力感染了多个亚非国家的领导人，随后数年内埃及、叙利亚、也门、伊拉克和苏丹5个与会的阿拉伯国家与中国建立外交关系。正是在此次会议期间，两国总理进行了友好会晤。此后，中国支持苏丹的独立，赞赏苏丹奉行和平中立、同一切国家友好的不结盟政策，从发展贸易和文化关系入手积极推动两国关系发展。苏丹则在历届联合国大会上赞成恢复新中国在联合国的合法席位，在中印边界问题上持不介入态度，呼吁通过政治谈判和平解决冲突。1959年2月4日，双方水到渠成地宣布正式建交①。

建交以来两国在政治、经济、文教卫生、军事、外交等各个领域相互支持，相互帮助，双方关系不断发展。1964年1月，中国总理周恩来、副总理兼外交部部长陈毅访问苏丹，同年5月，苏丹军政府首脑阿布德访问中国。20世纪70年代，尼迈里总统也多次访问中国。

---

① 王泰平：《中华人民共和国外交史（第二卷）》，世界知识出版社，1998，第140~141页。

二 改革开放以来

1984 年中国副总理李鹏访问苏丹。1987 年 12 月，苏丹总理萨迪克访问中国。长期以来，苏丹一贯奉行一个中国的政策，支持中国的统一大业，不与台湾发生官方联系，反对台湾"重返"联合国，在人权问题上坚持正义，在联合国人权委员会一直投票支持我国挫败西方的反华提案。中国一贯支持苏丹维护国家主权和领土完整、致力于实现民族和解、发展民族经济，并给予其力所能及的经济援助。两国一直保持着传统的友谊，在政治、经济、文化等各个领域的友好合作关系得到了全面发展。两国都是发展中国家，都面临着维护和平和发展经济的艰巨任务。由于两国经济各有优势和长处，互补性强，潜力很大，所以两国愿意共同努力，增进往来，加强磋商，发展经济合作，并在和平共处五项原则基础上促进两国各个领域友好合作关系的发展。

1989 年巴希尔政府执政后，中国与苏丹的关系有了较大发展。1990 年 11 月，巴希尔访问中国。随后，中国与苏丹双方部长级的政府官员互访频繁，两国在经济、贸易、科技合作和石油开发领域的合作有了许多重要进展。1992 年，两国签署金额为 1 亿美元的贸易议定书。1993 年两国在建立了经济、贸易合作混合委员会后，平均两年召开一次会议，苏丹还在北京建立了苏丹贸易中心。1995 年 9 月，巴希尔总统访华期间，中国-苏丹友好协会宣布成立，武汉与喀土穆结为友好城市，两国签订了互免外交、公务签证协议。中国政府向苏丹提供 1.5 亿元人民币贴息贷款，其中 1 亿元用于开发苏丹石油。1997 年双方签订两国外交部定期政治磋商的协定，至 2006 年已举行了两届政治磋商。1998 年 4 月和 8 月，苏丹能源矿产部部长两度访问中国。2000 年联合国千年首脑会议期间，江泽民主席与巴希尔总统举行了会晤。2000 年 11 月，吴邦国副总理访问苏丹，与巴希尔总统和塔哈副总统举行了会晤。2000 年苏丹外长穆斯塔法、能源矿产部部长贾兹、文化新闻部部长加齐、国防部部长哈提姆、公路通讯部部长艾拉和司法部部长亚辛也先后访华。2001 年 3 月，苏丹副总统塔哈访华。与此同时，双方在北京召开了第 6 届中苏（丹）经济、贸易合作混合委员会会议。

三　21 世纪以来

2002 年后双方主要访问如下。

中方：中国国际交流协会副会长李成仁（2002 年 2 月）、北京军区司令员杜铁环上将（2002 年 6 月）、中共中央对外联络部副部长马文普（2002 年 8 月）、中国外交部部长李肇星（2004 年 1 月）、中国对外友好协会会长陈昊苏（2004 年 3 月）、中国水利部部长汪恕诚（2004 年 5 月）、中共中央政治局委员李长春（2005 年 11 月）、中国国家主席胡锦涛（2007 年）、中国外交部部长杨洁篪（2011 年）、中共中央政治局委员李源潮（2012 年）等访问苏丹。

苏方：能源矿产部部长贾兹（2002 年 3 月、11 月），苏军参谋总长阿巴斯·阿拉比中将（2002 年 3 月），外交国

务部部长提捷尼（2002 年 4 月），国际合作部部长特克纳
（2002 年 9 月），文化部部长巴西特（2002 年 12 月），苏丹
国民议会议长塔希尔（2003 年 7 月），苏丹国防部部长萨利
赫（2003 年 12 月），苏丹财政部部长哈桑（2004 年 3 月），
能源矿产部部长贾兹（2004 年 6 月、12 月），外长伊斯梅
尔（2005 年），巴希尔总统、总统助理纳菲阿、外长阿贾维
尼、财政部部长祖贝尔、能源矿产部部长贾兹（2006 年），
财政部部长祖贝尔、总统助理纳菲阿、第一副总统基尔、
信息通信部部长马利克（2007 年），副总统塔哈、总统特使
兼财政部部长贾兹、总统助理纳菲阿（2008 年），总统特使
兼财政部部长贾兹、国防部部长侯赛因、农林部部长穆塔
菲（2009 年），总统助理纳菲阿、外长库尔提、内阁事务部
部长卢卡、司法部部长穆罕默德、矿产部部长吉拉尼
（2010 年），总统巴希尔、总统顾问伊斯梅尔（2011 年），
总统巴希尔（2015 年）访华等。

　　在 2005 年 4 月亚非峰会期间，时任国家主席胡锦涛与
巴希尔总统举行了会晤。2006 年 11 月，巴希尔总统来华出
席中非合作论坛北京峰会，胡锦涛主席、温家宝总理分别
与其会晤。2007 年 2 月，胡锦涛主席对苏丹进行国事访问。
2009 年 11 月中非合作论坛第四届部长级会议期间，温家宝
总理与巴希尔总统举行了会晤。2011 年 6 月，巴希尔总统
再次访华，胡锦涛主席、吴邦国委员长和李克强副总理分
别与其会谈、会见。2013 年 3 月，巴希尔总统致函祝贺习
近平同志当选中华人民共和国主席、李克强同志当选中国
国务院总理。

2014 年 2 月，中苏（丹）建交 55 周年之际，双方举行一系列庆祝活动。4 月，苏丹国民议会议长法提赫访华。6 月，苏丹外交部国务部部长凯马勒来华出席中阿合作论坛第六届部长级会议。8 月，巴希尔总统就云南鲁甸地震向习近平主席致慰问信。同月，苏丹外长库尔提访华。2015 年 1 月，苏丹总统助理甘杜尔赴华与李源潮副主席共同主持第三届中苏（丹）执政党高层对话，政协主席俞正声会见。同月，王毅外长访苏，会见巴希尔总统，并与苏丹外长库尔提举行会谈。访苏期间，中方倡议举行了"支持伊加特南苏丹和平进程专门磋商"。4 月，巴希尔总统连任后，习近平主席向其致贺电。6 月，习近平主席特使、环境保护部部长陈吉宁到苏出席巴希尔总统连任就职仪式，会见巴希尔总统。9 月，巴希尔总统赴华出席中国人民抗日战争暨世界反法西斯战争胜利 70 周年纪念活动，习近平主席与其会见，并共同签署了《中华人民共和国和苏丹共和国关于建立战略伙伴关系的联合声明》。10 月，苏丹总统助理、全国大会党副主席易卜拉欣赴华出席亚洲政党丝绸之路专题会议。

2016 年 5 月，国家发展和改革委员会副主任、国家能源局局长努尔·白克力访苏并主持召开两国能源合作委员会首次会议。7 月，苏总统助理、发展对华关系委员会副主席贾兹访华并出席中非合作论坛约翰内斯堡峰会成果落实协调人会议。9 月，中国农业部部长韩长赋访苏并主持召开中苏（丹）农业执行委员会第三次会议。10 月，苏外长甘杜尔访华。11 月，全国政协副主席王家瑞访苏并主持召开第四届中苏（丹）执政党高层对话①。2017 年 8 月 26 日，中共中央政治局常委、国务院副总理张高丽对苏丹进行正式访问。张高丽副总理此次访问是近年来中国最高级别领导人访苏，是两国关系发展进程中一次十分重要的访问，双方一致表示要在互利共赢、共同发展的大方向下，积极探索符合实际、操作性强的务实合作新思路新办法。

重要的双边协定和文件：《中华人民共和国政府和苏丹共和国政府关于对所得避免双重征税和防止偷漏税的协定》②《中华人民共和国政府和苏丹共和国政府关于鼓励和相互保护投资协定》③《中华人民共和国政府和苏丹共和国政府关于互免签证的协定》④《中华人民共和国政府和苏丹共和国政府关于成立经济、贸易合作混合委员会的协定》⑤《中华人民共和国政府和苏丹共和国政府一九六八年

---

① 《双边政治关系》，中华人民共和国驻苏丹共和国大使馆网站，http://sd. china-embassy. org/chn/sbgx/t913507. htm。

② 《中华人民共和国政府和苏丹共和国政府关于对所得避免双重征税和防止偷漏税的协定》，110 法律咨询网站，http://www. 110. com/fagui/law_ 8125. html。

③ 《中华人民共和国政府和苏丹共和国政府关于鼓励和相互保护投资协定》，法律图书馆网站，http://www. law-lib. com/law/law_ view. asp? id=77915。

④ 《中华人民共和国政府和苏丹共和国政府关于互免签证的协定》，110 法律咨询网站，http://www. 110. com/fagui/law_ 9003. html。

⑤ 《中华人民共和国政府和苏丹共和国政府关于成立经济、贸易合作混合委员会的协定》，法律图书馆网站，http://www. law-lib. com/lawhtm/1986/76424. htm。

贸易议定书》①。

重要文件：《中华人民共和国和苏丹共和国关于建立战略伙伴关系的联合声明》。

第三节　经贸合作

一　经贸关系

两国经贸关系发展顺利。自 1970 年以来，中国一直与苏丹保持良好的经济技术合作，两国合作涉及范围较广，包括石油、地矿勘探、建筑、路桥、农业、纺织、医疗和教育等。从 20 世纪 80 年代中后期开始，苏丹同中国的经济关系就开始密切起来，1989 年巴希尔政府执政后，中国与苏丹关系有了较大发展。这一年苏丹对中国的出口额占其出口总额的 7.3%，中国成为苏丹的第五大出口国。1990 年 11 月，巴希尔访问中国，随后两国部长级官员互访频繁，双方在石油开发、贸易、经济和科技合作等方面均取得了重要进展。20 世纪 90 年代中期，两国开始在石油领域进行合作，其涵盖勘探、开发、生产、输油管道、炼油、化工、成品油销售等，形成了一套完整的、上中下游一体化的石油工业体系。通过与中国的合作，苏丹既解决了自己的成品油需求，还能向外出口原油及相关产品，不但赚取了大

---

① 《中华人民共和国政府和苏丹共和国政府一九六八年贸易议定书》，110 法律咨询网站，http：//www.110.com/fagui/law_349192.html。

量外汇，而且大幅度提高了其财政收入，将更多资金用于
改善民生、基础设施建设和发展其他产业。中苏（丹）经
贸合作也因此有了长足发展，从中国单纯地向苏方提供援
助发展为以石油合作为龙头，电力、水利、路桥、港口、
电信、农业、工业、服务业、贸易等各行业广泛合作的良
好局面。2000 年，中国成为苏丹的第一大贸易伙伴；2002
年，双边贸易总额就达到 15.5 亿美元，苏丹成为中国在非
洲的第二大贸易伙伴，仅次于南非；2005 年，苏丹对华出
口总额达到 34 亿美元，从中国进口产品总额也达到 13 亿美
元，中国成为苏丹最大的贸易伙伴；2010 年双边贸易额为
86.3 亿美元，同比增长 35.1%，其中我国出口贸易额为
19.5 亿美元，同比增长 14.5%，进口贸易额为 66.8 亿美
元，同比增长 42.6%；截至 2015 年，双边贸易额达到
28.99 亿美元，同比下降 8.34%，其中，我国向苏丹出口贸
易额为 21.59 亿美元，从苏丹进口贸易额为 7.40 亿美元。
双方在国际和地区问题上也保持着良好的沟通和配合，为
加强发展中国家的团结，促进发展中国家的进步做出了积
极的贡献。目前，中苏（丹）政府间成立了经济、贸易合
作混合委员会，其迄今召开过 10 届会议①。

2011 年 1 月 9 日，苏丹南部地区举行全民公投，支持
苏丹南部独立的比例接近 99%。2011 年 6 月 29 日，即南苏

---

① 《双边经贸关系和经济技术合作》，中华人民共和国驻苏丹共
和国大使馆网站，http://sd.china-embassy.org/chn/sbgx/
t907521.htm。

丹正式独立前夕，时任中国国家主席胡锦涛在北京会见到访的苏丹总统巴希尔时，就进一步发展两国友好合作关系提出了"四点建议"，其中包括"双方要在巩固已有合作成果的基础上，继续加强协调配合，稳步推进一揽子合作项目。中方对加强两国农业、矿业合作持积极态度，愿向苏方提供技术支持，继续做好苏丹农业示范中心等项目。中方鼓励中国企业参与苏丹矿产资源勘探开发，支持有实力、信誉好的中国企业赴苏丹投资，希望苏方提供更为有利的政策支持和相关协助"。2011 年 7 月 9 日，在结束了半年过渡期后，苏丹南部地区正式脱离苏丹，完成了事实上和法律上的独立，成立南苏丹共和国。2011 年 11 月 23 日，苏丹总统巴希尔在喀土穆会见中国经贸代表团时，对苏中在经贸等领域友好合作、互利共赢取得的巨大成果表示满意，感谢中国政府多年来对苏丹的无私援助和支持，希望两国进一步扩大和加强在农业、矿业、石油和基础建设领域的合作。

二　经贸合作

中国和苏丹两国自 1959 年初建立正式外交关系以来，政治互信日益巩固，经贸合作不断加深。特别是 20 世纪 90 年代中期以来，两国经贸合作领域不断拓展，合作规模迅速扩大，双边合作取得了丰硕成果。目前，中国已成为苏丹最重要的经贸合作伙伴，连续多年保持苏丹第一大投资国、第一大贸易伙伴、第一大援助国、第一大承包工程伙伴国的地位。苏丹也成为中国在西亚非洲重要的经贸合作伙伴，双边经贸关系十分紧密。

两国经贸合作取得丰硕成果。双边经贸合作极大地促进了苏丹经济发展，大批中资企业参与两国经贸合作为苏丹的经济社会发展做出了积极贡献，成为苏丹诸多行业的领军者。目前在苏中资企业共有170多家，业务范围遍及石油勘探开发、水利、电力、港湾、路桥、市政、通信、农业、矿业、物流、服务等众多行业。经过十多年的努力，中国石油企业帮助苏丹建成了年产2600万吨原油的三大油田和年处理原油500万吨的炼油厂，建成了体系完整、技术先进、规模配套一体化的石油工业体系，使苏丹实现了石油自给自足和盈余出口；中国电力企业帮助苏丹建成了4座火力发电站、1座水力发电站，另2座水力发电站正在建设中，已建成项目发电能力超过170万千瓦，居民用电和工业用电得到充分保障；中国水利工程企业帮助苏丹在尼罗河上建成了全长10公里的麦罗维大坝，实现了苏丹人民的千年梦想，正在建设的罗塞雷斯大坝加高工程和上阿特巴拉水利枢纽工程规模浩大，建成后将为促进苏丹农业发展，推动经济社会繁荣稳定发挥重要作用。

战略转型期的中苏（丹）经贸合作。21世纪前10年，苏丹经济高速发展，GDP增速连续多年保持在8%以上，经济繁荣，社会稳定，综合国力显著提升，人民生活水平不断改善。然而2011年南苏丹独立，苏丹经历了国家分裂的阵痛。领土减少，石油资源损失大半，外汇收入锐减，经济和社会发展面临巨大挑战。但苏丹具有广阔肥沃的土地和丰富的矿产资源，发展农业条件得天独厚，矿产资源开发前景广阔，经济发展潜力巨大。在当前的严峻形势下，苏丹经济进入结构调整和战略转型时期，在继续着力建设和完善水利、交通、电力等基础设施的同时，苏丹积极调动本国企业和大力引进外资开发矿产资源，发展加工制造业，提升自主生产能力，以减少进口和扩大出口，增加创汇来源，弥补因石油减产造成的外汇短缺，摆脱经济发展困境。

三　经贸合作的空间及领域

两国政治关系友好互信，经贸合作基础坚实稳固。面对新的机遇和挑战，双边经贸合作应继续坚持"优势互补、互利互惠、共同发展"的原则，抓住机遇，直面挑战，相互支持，密切配合，结合双方国情，在原有基础上，创新合作方式，丰富合作内容，扩大合作领域。一是在当前苏丹面临特殊困难时期，我国要在力所能及的情况下继续向苏丹政府提供更多的经济技术援助，并在互谅互让的基础上，尽快解决一揽子合作在建项目的融资问题，确保按期完成项目建设，早日交付使用，为苏丹经济社会发展和边远地区和平稳定以及提高当地居民生活质量发挥应有的作用。与此同时，根据苏方实际需要，加大对其人力资源培训力度，帮助其提升自主发展能力。二是要进一步拓展新的合作领域，鼓励有实力的中国企业加大在矿业、农业、加工业领域的投资力度，进一步提升双边经贸合作水平，不断夯实双边政治、经济、外交关系健康发展的基础。三是从两国的经贸关系发展来看，进入21世纪以来，双边贸易额持续上升，合作领域不断扩大，为发展中国家间进行互利友好合作树立了成功的典范。许多中国企业已在苏丹国内和社会建立起良好合作关系，享有良好的信誉和声望。广大苏丹民众也对中国的设备、技术、标准和管理有相当的认知、认可和好评。可见，两国经贸合作的成果已惠及两国人民且深入人心，未来这种合作发展的空间依然非常广阔。

（一）自然资源丰富

虽然苏丹发生了分裂，但仍是阿拉伯世界和非洲的大国，其自然资源依然非常丰富，发展潜力也不容小觑。除世人已知的石油、天然气之外，苏丹还拥有铁、银、铬、铜、锰、金、铝、铅、铀、锌、钨、石棉、石膏、云母、滑石、钻石和木材等丰富的自然资源。可供农业、林业、牧业和渔业开发的自然资源和条件，如沃土、森林、草原、水源和阳光等在苏丹也很优越和丰富。为吸引外来投资，苏丹出台了各种优惠条件和措施。在过去的十多年中，苏丹大力推行一系列经济改革和调整计划，包括自由市场经济改革、私有化改革、取消某些行业垄断、实行苏丹镑浮动汇率、改革金融和贸易政策等；同时通过了《投资法案》，采用种种便利措施和优惠政策，创造有利的投资环境以吸引国内外投资者，如简化投资审批手续、取消行业的投资限制等。《投资法案》还规定了投资项目可减免的税种及减免比例，包括免除长达 10 年的公司收入和利润税，免除投资项目实施所需的机械设备、非建筑用材料物资、办公和生活用品等进口税，免除投资项目所生产产品的出口税等。《投资法案》还特别规定基础设施、道路、港口、电力、水坝、通信、能源、运输、教育、卫生和旅游服务、信息技术服务和给水项目，地下和海洋资源开采项目，农业、畜牧业和制造业项目等为重点鼓励项目，欢迎国外投资者进行投资。

（二）石油产业

2015 年 8 月 15 日，苏丹政府在喀土穆友谊宫隆重举行中国与苏丹石油合作 20 周年庆祝大会。苏丹油气部部长阿瓦德在致辞中说，中国石油天然气集团公司（简称中国石油、中石油）进入苏丹 20 年以来，已成为苏丹经济的中流砥柱。在双方富有成效的经营管理下，石油产业已成为中苏（丹）石油合作的骄傲和典范。

20 年合作之路。两国石油合作始于 1995 年。1995 年 9 月，苏丹总统巴希尔访华与江泽民主席会见时提出，希望中国公司到苏丹勘探开发石油，帮助苏丹建立自己的石油工业。这一提议得到中国领导人的支持。随后中国派出中石油的专家组赴苏丹考察，结果显示苏丹油区地质状况与我国渤海湾盆地地质状况十分相似，中石油具备相应技术和经验。于是双方达成一致，同年 9 月 16 日，中石油获得了苏丹穆格莱德盆地 6 区块的石油开采权，由此揭开了两国石油合作的序幕。1996 年 11 月，经过与 10 余家国际石油公司的激烈竞标，中国石油获得苏丹穆格莱德盆地 1/2/4 区石油项目。1997 年 3 月，中国石油牵头组建了联合作业公司——大尼罗石油作业公司（合作方包括马来西亚和加拿大的石油公司，以及苏丹国家石油公司和苏丹政府），启动该项目的运作。此后，中国石油与合作伙伴仅用 18 个月的时间，就成功完成了 1/2/4 区千万吨级油田的产能建设。

为促进实现当地资源的市场化，中国石油以总承包方式竞标获得 1/2/4 区原油外输管道建设项目，仅用 11 个月的时间，就高质量完成了从油田到苏丹港 1506 千米的输油管线的建设。

2000 年 5 月 16 日，以中国设计、中国标准和主要采用中国装备制造的年加工原油能力 250 万吨的苏丹喀土穆炼油厂建成，并实现一次投产成功。从这一天起，苏丹石油产品长期依赖进口的历史宣告终结。着眼于苏丹石油工业的可持续发展，中国石油于 2000 年 3 月 1 日建设的苏丹第一座加油站——苏丹喀土穆"Al Amarat 加油站"投入运营。

2001 年 2 月，由中国石油和苏丹政府共同出资建设的苏丹第一个石油化工项目喀土穆石油化工厂开工建设。

2002 年 8 月 17 日，苏丹喀土穆成品油库开工建设。半年后，油库投产，苏丹成品油销售业务系统初步建成。

2004 年 9 月 25 日，中国石油捐资 120 万美元建设的苏丹喀土穆炼油厂友谊医院建成投用。苏丹总统巴希尔为医院落成揭幕。

2005 年 8 月 23 日，由中国石油承建的苏丹 3/7 区原油外输管道全线贯通。管道全长 1376 千米。

2005 年 10 月 5 日，中国石油捐资 150 万美元建设的苏丹富拉友谊医院落成。

2008 年 1 月 17 日，中国石油捐资 1000 万美元的苏丹麦罗维友谊大桥建成通车。

2010年1月17日，中国石油尼罗河公司位于苏丹红海盆地15区块的海上勘探钻井作业正式启动，标志着苏丹海上勘探钻井作业的开始，其在苏丹政府的大力支持下，在合作伙伴的通力协作下，克服了种种难以想象的困难。中国凭借自有技术和独具优势的项目管理解决方案，不断地将商业投资与当地石油工业发展紧密结合，仅用了短短七八年的时间，就帮助苏丹建立起了完整的上中下游一体化石油工业体系，使石油资源禀赋在苏丹这片热土上充分实现了其社会价值，成为造福苏丹人民的"黑金"。

南苏丹独立之后，中石油在苏丹的利益受到威胁。原本与苏丹政府签订的合作项目能否履行，石油利益如何分配都存在很大的不确定性。苏丹分裂之后，可开采油田的归属发生变化，原苏丹四分之三的石油资源现在位于南苏丹境内。另外，处于南苏丹、苏丹之间的阿卜耶伊地区（中石油在南苏丹最大产油区1/2/4区块所在地）拥有丰富的地下石油，南苏丹、苏丹至今对这一地区的边界划分仍没有确定。这些问题的存在都直接影响到中国在苏丹的石油利益。而由美国等国家支持独立的南苏丹是亲西方的，这就使得我国在南苏丹的利益很可能得不到保证。由于南苏丹、苏丹处于矛盾纷争之中，中国很难制定出同时能为双方所共同接受的方案。中国投资建设的石油运输和冶炼设施在苏丹，但苏丹目前石油储量只占探明石油储量的四分之一。南苏丹拥有丰富的石油资源，但没有输油管道及炼油设备，借用苏丹相关设施则需缴纳很高的费用。又由于这些设备是中国参股并主导修建的，所以南苏丹把设备使用费居高不下的原因不适当地归咎于中国，任何一种结果都会影响中国在苏丹的石油利益。另外，美国等一些西方国家的既定目标就是侵蚀中国在苏丹的石油利益。由于南苏丹亲美，目前美国的雪佛龙公司已经大举进入南苏丹油田，重返"苏丹"。而欧洲各国的石油公司从未全面撤出"苏丹"，如瑞典轮鼎石油公司、法国道达尔公司、瑞士克里夫顿公司等也加大了在南苏丹的发展力度；在原苏丹石油行业的 12 家二级承包商中，来自欧盟国家的多达 6 家。由此看来，欧洲各国的步伐可能还要快于美国。亚洲国家中，印度、马来西亚、新加坡等国均已在南苏丹油田中持股，而日本正与南苏丹就修建由南苏丹通往肯尼亚拉穆港的输油管道展开谈判。这些国家在南苏丹的活动必将影响到我国在苏丹、南苏丹的利益。

石油产业对苏丹至关重要，它对苏丹的国家预算、经济和社会发展等具有非常关键的作用。在这一领域，中苏（丹）两国的合作不仅为时较长，而且规模和范围很大，涉及巨额资金和石油产业的各个方面。在合作过程中，中方还帮助苏方培养了一大批石油领域的专业人才。所以就石油产业而言，中苏（丹）之间的合作既扎实又默契。虽然苏丹分裂后，苏丹的油气产量和资源发生了不利变化，但苏丹仍具有改变这种不利变化的潜力和意愿。2012 年 2 月 28 日，苏丹外长卡尔提在北京表示，希望中资公司进一步增加在苏丹油气领域的投资，以应对苏方原油份额下降的局面。他说，苏丹能源部已制定新规划，将邀请包括中石油在内的各国石油公司参与新油田区块开发。分裂后的苏丹，幅员仍很辽阔，因此，随着勘探范围的扩大，苏丹发现新的油气资源之可能仍存在。另外，独立后的南苏丹拥有可观的原油产能和丰富的油气储量，但现阶段要将其顺利地开采并且销售出去，还离不开与苏丹的合作。令人遗憾的是，由于苏丹与南苏丹积怨甚深，目前双方此类合作已停了下来。据悉，南苏丹还打算另起炉灶，避开苏丹修建油气输送管道。2012 年 2 月 20 日，南苏丹与肯尼亚、埃塞俄比亚宣布将联合集资共同修建新的输油管道。从长远看，虽然此项工程对于这三国具有重大战略意义，但从近期看，此项工程难度颇大。所以至少在今后一段时期内，在石油方面，中国仍有与苏丹、南苏丹进行合作的可能，因为苏丹和南苏丹的油田及相关设施，如输油管道、炼油厂和港口、码头等，都是中方设计建设的，所用设备和机械也来自中国。

（三）矿业开发

除了油气资源之外，苏丹的其他矿藏也非常丰富。苏丹始终希望充分利用其资源优势，以更好地建设自己的国家，如 2010 年，苏丹决定大力推动红海州 Aryab 地区的矿产资源开发。Aryab 地区金、铜、锌等矿产资源储量丰富，勘探表明该地区矿山每年产金量可达 6 吨、铜产量约 3 万吨。由于苏丹蕴藏丰富的矿产资源，许多中国公司也愿意与苏方合作。2006 年 11 月第二届中非企业家大会举行期间，苏丹能源矿业部部长奥德·艾哈迈德·贾兹称，"我们同数位潜在中国合作方进行了接洽，部分潜在合作方希望在苏丹开发金矿，我们已经签订了合作协议"，"还有公司对我们的铁矿资源感兴趣，这些铁矿位于苏丹中西部"。他还表示，已有中国公司表示对该国的铜矿开发感兴趣，尽管当时没有达成铜矿合作协议。南苏丹独立后，加快开发其他矿产资源及相关产业成为苏丹弥补原油产能下降和油气资源减少的有效途径之一，这为进一步增强经贸合作提供了新的良机。2012年2月28日，苏丹外长卡尔提在北京表示，苏丹金矿资源得天独厚，在石油资源减少的情况下，矿产将在未来的经贸合作中发挥重要作用。目前，苏丹仅有13家矿业公司从事黄金开采活动，其中包括3家中国企业：保利集团投资的中非开发投资公司、天津华北地质勘查局投资的中非华勘投资公司、金桥矿业有限公司。前两家公司都是在中非发展基金的支持下运作的，而金桥矿业有限公司则完全由民营资本投入运作。

（四）农林牧渔

作为一个拥有广袤土地、丰沛水源和充足光热的国家，苏丹可供农业、林业、牧业和渔业开发的自然资源和条件非常优厚。在这方面，两国具有很强的互补性，中方的生产经验与技术和设备，可为苏方所借鉴和运用。双方可通过合作的方式在这些产业领域创造出巨大的经济效益和社会效益。在农业方面，苏丹政府早已意识到其重要性，认为"农业是苏丹永恒的石油"。从2005年起，苏丹政府加大农业投入，推出一系列农业复兴计划和鼓励投资政策，积极开展国际农业合作，以将苏丹建为"世界粮仓"。

以农业为例，两国在农业领域的合作由来已久。早在20世纪70年代，我国就派出水稻组、农机组等多个农业专家组赴苏，援建了杰济拉农场，马拉卡勒农场水稻试种等多个农业项目并取得良好效果。近年来双方此类合作迅猛增长，呈现三大特点。一是两国政府高度重视。双方领导人一再表示，要"努力将包括农业、石油等领域的中苏（丹）友好合作关系提升到新的高度"。为此，双方签署了相关协议和文件，如第一届中国—苏丹农业合作研讨会2009年6月在苏丹成功举行，双方签署了《中苏农业合作研讨会纪要》和另外7份合作意向书。二是大小企业跟进对接。许多中资企业纷纷亮相苏丹农业领域，如2012年5月，山东高速集团所属的山东对外经济技术合作集团有限公司联合山东鲁棉集团与苏丹拉赫德（RAHAD）灌区签订首期10万亩土地的合作协议，拟投资6000万美元进行规模化棉花种植，并兴建一座年产2万吨皮棉的加工厂。一些民营企业在苏开办农场，进行蔬菜种植、家禽养殖，并获得了良好的经济效益，如苏丹中原农场、老杜农场、高原农场、老岳农场、老杨农场等。规模虽然不大，但解决了中国在苏丹人员的吃菜难问题，并丰富了苏丹农产品市场。三是提高了苏丹农业水平。中国农业专家、农业企业家通过"说给苏丹人听，做给苏丹人看，带着苏丹人干"的做法，把农业技术和经验传授给苏方人员，与苏方合作伙伴一起努力，共同提升苏丹的农业水平。2014年7月14日，罗小光大使应邀会见苏丹农业与灌溉部部长易卜拉欣·马哈茂德·哈米德，就加强中苏（丹）农业合作交换意见。双方重点探讨了当前两国农业合作过程中存在的问题，并表示共同努力推动合作迈上新台阶。可见，农业合作方兴未艾，发展前景非常广阔。

（五）工程承建

中苏（丹）经贸合作涵盖面广，其中也包括工程承包和承建等。从 20 世纪 70 年代开始，中国先后为苏丹援建了友谊厅、哈萨黑萨纺织厂、罕图布大桥、恩图曼友谊医院等多个项目。1981 年，中苏（丹）开始了工程承包和劳务合作，中国承建了港口、房建、水利、大坝、电力、道路和桥梁等工程项目。2004 年以来，将近 20 个大中型项目建成投入使用，包括吉利电站一期、二期项目，麦罗维输变电项目，麦罗维大坝项目，阿特巴拉—海亚公路项目等，另外还有一大批工程项目正在实施或即将实施。这些项目和工程都取得了成功，其中不少还带有经典和样板性质。从短期来看，南苏丹独立造成了苏丹原油产量下降、财政收入减少，一些项目和工程也因此受到了负面影响，但从长远看，随着苏丹各类资源的陆续开发和利用，苏丹经济实力的不断增长和壮大，中苏（丹）经贸合作的持续深化和发展，双方在项目和工程承包、承建方面的合作机会也将越来越多。

（六）其他产业

苏丹是一个幅员辽阔、自然资源丰富和区位优势明显的国度。两国经贸合作领域和内容还有许多，如石油产品、矿产品和农林牧渔产品的相关加工以及绿色能源产业的发展。以工业为例，2014 年 6 月 26 日，比亚迪汽车工业有限公司和苏丹 GIAD 工业集团共同举办新款车型上市活动，以发布由双方合作组装的 L3CKD 新型轿车。比亚迪与 GIAD 的合作始于 2010 年初。目前，双方已陆续启动了 F3、F0、F6、F7、

S6 等多款车型的生产销售项目，比亚迪汽车 2013 年在苏销量近 3000 台。本次在苏发布的 L3 车型为 F3 车型升级产品，在苏成功生产下线，标志着双方合作步入新的发展阶段，将进一步丰富苏丹汽车市场，为苏丹人民购车、用车提供更多优质选择。此外，旅游业、服务业和金融业等产业，在苏丹也都需要大力发展，并且具有良好的市场前景。

此外，苏丹无论从人文旅游还是从自然旅游角度上看，都是高品质的、可供开发的。在人文历史领域，被历史学家称为联结亚非古代文明之"努比亚走廊"的苏丹，本是非洲黑人文化与阿拉伯—伊斯兰文化大融合的一个世界，因而苏丹境内自北而南，沿尼罗河流域外的广阔天地留存着丰富的古代非洲文明遗址，包括古代努比亚文明与库什帝国遗址，麦罗埃的冶铁遗址，它们都享有世界声誉。

南苏丹的独立使中苏（丹）经贸合作首先受到冲击，如苏丹国土面积减少约 1/4，石油资源、矿产资源、森林资源和水资源等自然资源也发生了变化，特别是石油资源。南苏丹独立意味着苏丹将失去超过 80% 的石油资源，而独立后的南苏丹继承了苏丹超过 85% 的原油产值。苏丹政府的石油收入因之锐减。虽然苏丹政府通过出口农产品和矿石，以及出售黄金等方式，来弥补原油产量减少带来的损失，但因边界划分等遗留问题，以及石油过境费分歧等，双方关系恶化。中苏（丹）两国的经贸关系也深受影响。对此，2012 年 2 月，中国与苏丹达成协议，同意苏丹推迟 5 年偿还中国债务。由此可见，苏丹分裂对中苏（丹）经贸合作造成的负面影响非常现实和明显，受其波及和影响的也不会仅局限于石油产业以及其他与中资公司相关的在建项目等，它或许还会给中苏（丹）经贸合作未来的发展投下阴影。因而，对中苏（丹）经贸合作的现状进行综合考察和评估，在看到目前两国经贸合作所面临问题的同时，也要从多个侧面审视两国经贸合作中尚存的优势和特殊情况，以尽可能寻找和挖掘积极的因素，进而抵消那些消极的因素，努力发现和制造机会，最终将挑战和考验化为机遇，使两国经贸合作之舟尽快摆脱目前的急流险滩，继续前进。

四 南南合作的典范

20多年来，中国石油人面对苏丹严峻复杂的环境，克服安全形势严峻、自然条件恶劣、社会依托匮乏、文化习俗差异大等重重困难和挑战，发扬大庆铁人精神，以常人难以想象的艰辛努力和付出，以创造性的劳动和聪明智慧，创造了国际石油合作中的奇迹。中苏（丹）石油合作取得的巨大成就已成为造福苏丹人民，促进苏丹经济社会可持续发展的重要支撑。苏丹石油工业的快速发展在促进苏丹政治稳定、经济繁荣和社会发展中发挥了重要作用。

中苏（丹）石油合作已成为一种成功的合作模式，昭示着国际石油合作的广阔空间。这一模式具有鲜明的时代特征和创新价值。一是在石油资源开发的基础上，成功地帮助苏丹建成了完整的现代化石油工业体系，实现了互利共赢、合作发展。中苏（丹）石油合作促进了苏丹石油工业的快速发展，推动了苏丹经济社会进步，提高了人民群众生活质量，也为中国石油创造了巨大的效益，进一步深化了中苏（丹）两国传统友谊。二是项目实施过程以"授人以渔"式的合作，帮助东道国培育其石油工业发展的核心竞争力，包括本地化人才的培育、重大石油工程项目管理经验和能力积累、将资源转化为市场和生产力，以资源提升国民经济的可持续发展能力。三是严格遵守两国法律法规和按照国际惯例规范运作，积极响应利益相关方关切，实现生产运营过程的"三零"（零污染、零事故、零伤害）目标，有效保护当地生态，实现安全清洁生产。四是以商业成果反哺当地社区，主动履行社会责任，积极支持公益事业，重视社区的可持续发展，无偿援建学校医院，建设公路桥梁等基础设施。五是在中非传统友谊的基础上，商业合作中各合作方逐步形成了对尊重、诚信、人本、负责等文化理念的认同，文化互鉴、融合中较好地实现了协同效应，为长期合作打下坚实基础。

当今石油合作已成为联结中苏（丹）两国人民友谊的重要纽带，被两国元首共同评价为"南南合作"的典范。在苏丹石油合作项目20周年庆典上，中国石油董事长王宜林表示，中苏（丹）石油合作承载着两国领导人的重托，凝结着两国政府和社会各界的殷切期望，肩负着深化两国长期友好合作的重任。中国石油将坚持"真、实、亲、诚"原则，不断推动苏丹项目的长期稳健发展，为巩固中苏（丹）传统友谊、推动双边关系全面深入发展，为苏丹经济社会发展和人民生活幸福做出新的更大贡献。发展才是硬道理，真诚互信、互利共赢是国际合作成功的前提和保障。中苏（丹）石油合作的成功不仅为双方带来了巨大的经济利益，促进了苏丹的经济社会发展，还直接影响和触动了非洲处于发展初期的石油资源国的神经。先后有十多个非洲发展中国家的元首到苏丹考察石油合作项目，他们惊叹于喀土穆炼油厂的现代化与产业化，目睹了石油合作项目给苏丹经济社会发展带来的巨大改变，纷纷邀请中国石油到本国投资。如今，中苏（丹）石油合作模式已在尼日尔、乍得、阿尔及利亚等国生根开花结果，互利共赢、合作发展的机制，一体化石油工业体系的建立，帮助更多资源国解除了资源"魔咒"，走上了以资源促发展的自救之路。

第四节　文化交流

两国建交以来，友好合作关系在和平共处五项原则的基础上不断巩固和发展，成果丰硕，两国间的合作堪称南南合作的典范。在两国政府和两国人民的共同努力下，中苏（丹）文化交流迈上一个新的台阶。

两国文化交往在建交前就已开始。20 世纪 70 年代，中国武汉杂技团帮助苏丹培养出 78 名杂技演员，并协助组建苏丹杂技团。该艺术团被苏丹人民称为"苏中友谊之花"，成为一个在非洲具有较大影响的艺术团。1970 年 8 月，两国签订了《中苏科学、技术、文化合作协定》。随后，双方连续签署了 10 个文化协定执行计划，并于 2006 年 6 月签署《中苏 2006—2008 年执行计划》。

近年来，两国保持文化往来，中国多个艺术代表团先后到访苏丹，中国还在苏举办了中国工艺品展。主要有：

1995 年中国艺术（杂技、木偶）团访问苏丹；1997 年中国在苏丹举办中国工艺品展；1999 年文化部副部长孟晓驷率政府文化代表团访问苏丹；2002 年 7 月，陕西杂技团赴苏丹演出；2004 年，四川省宜宾市杂技团赴苏丹演出。1994 年苏丹新闻文化部部长赛卜·德拉特访华；1994 年苏丹国家歌舞团访华；1995 年苏丹著名画家莱奥特来华举办个人画展。2000 年苏丹新闻文化部部长加齐访华。2016 年 2 月 24~28 日，江苏晶港艺术团对苏丹进行访问，并在苏丹国家剧院举行两场"欢乐春节"专场演出，中国驻苏丹大使李连和，苏丹文化部部长巴达维，苏丹全国大会党领导局成员、拉卡伊兹研究中心主任卡米勒，苏丹全国大会党亚洲事务副书记穆罕默德等苏党政官员、部分国家驻苏使节、苏各界民众、中资机构及华侨华人等约 3000 人观看了演出①。2017 年 2 月 21~26 日，江苏丹鹤艺术团对苏丹进行访问，并在喀土穆友谊厅举行两场"欢乐春节"文艺演出。中国驻苏丹大使李连和，苏丹总统助理、对华关系委员会副主席贾兹，内阁事务部部长艾哈迈德，文化部部长巴达维等苏政府官员；阿中友联秘书长阿卜杜拉赫曼，苏中友协主席穆萨等民间组织负责人；部分国家驻苏使节、苏各界民众、中资机构及华人华侨等约 3000 人观看了演出。

随着两国传统友谊的不断加深和各领域务实合作的深

---

① 《驻苏丹大使李连和出席江苏晶港艺术团"欢乐春节"苏丹专场演出》，中华人民共和国外交部网站，http: // www. fmprc. gov. cn/web/gjhdq ＿ 676201/gj ＿ 676203/fz ＿ 677316/1206＿ 678526/1206x2＿ 678546/t1343772. shtml。

入发展，苏丹各界对中文教育和汉语学习的需求越来越迫切，苏丹汉语教学整体水平也在不断提高。汉语教学的不断深化已进一步推动两国各领域友好合作和双边关系的深入发展。早在 1960 年，中国就已经开始接收来自苏丹的留学生，至 1999 年已接收了 341 名。2001 年，苏丹在华留学生共 28 人。随着喀土穆孔子学院的建立，这一领域的文化交流更为畅通。2007 年 10 月 7 日，喀土穆大学和孔子学院总部签署合作建设喀土穆大学孔子学院意向书，2008 年 10 月 7 日签署正式协议。该孔子学院由中国西北师范大学和苏丹喀土穆大学具体承办。2007 年、2008 年两年，喀土穆大学已为苏丹政府、能源矿业部、内政部移民局、私立中学等举办了 20 多期汉语短期班。课程包括：基础汉语 1（教学对象为零起点生）；基础汉语 2（教学对象为修完基础 1 的学生）；HSK 考前辅导（教学对象为报名参加考试的学生和社会人士）；汉语短期班（每届 48 课时，每班学生 20～25 人；至 2008 年 11 月，共举办 20 多班次汉语短期教学；短期班汉语教材采用北京语言大学出版社出版，杨寄洲主编的《汉语教程》一年级教材第一册上、下；也曾选用北京语言大学出版社出版，康玉华、来思平编著的《汉语会话 301 句》等）。其文化活动主要有：学院每年定期举办"汉语桥"世界大学生中文比赛苏丹赛区预赛，如 2012 年 5 月 20 日，"第 11 届汉语桥世界大学生中文比赛苏丹赛区预赛"；2014 年 5 月 10 日，第十三届"汉语桥"世界大学生中文比赛苏丹赛区预赛，并选送数名优秀选手赴中国短期留学；举行"汉语水平考试"，将汉语考试与各类奖学金生选派结合进行考察推荐，选送汉语考试优秀奖学金生赴中国相关大学参加短期或长期培训。2016 年 5 月 18 日第 15 届"汉语桥"世界大学生中文比赛苏丹赛区决赛在苏丹石油公司礼堂举办。2016 年 1 月 31 日，"欢乐春节"2016 年喀土穆大学孔子学院春节联欢晚会在苏丹国家剧院举行，喀土穆大学孔子学院、中文系的师生自行编排并表演了中国舞蹈、歌曲、武术、小品等丰富多彩的节目，由孔院中文老师表演的舞蹈《再唱山歌给党听》、古筝独奏《春江花月夜》等节目洋溢着浓浓的中国韵味；由苏丹学生表演的中文情景剧《拜年》、中文小品《扰民了》幽默诙谐，他们的汉语发音规范，表演到位。整场演出充满了"欢乐春节"的喜庆气氛，展现了中国传统文化与当代艺术的独特魅力，体现了中苏（丹）人民间深厚的友谊，加深了苏丹民众对中国文化和汉语的热爱。"欢乐春节"喀土穆大学孔子学院春节联欢晚会自 2012 年以来已经成功举办了五届，是喀土穆大学中文系和孔子学院师生展示才华的重要舞台，也成为中苏（丹）文化交流的知名"品牌"。此外，两国间还互派留学生进行语言、文化学习，以推动中国文化与苏丹文化的交流与融合。喀土穆大学孔子学院的建立标志着中苏（丹）两国文化交流有了一个新的载体，学习汉语，了解汉文化，都在这一平台上顺利进行。截至目前，中国在苏丹留学生约 400 人。苏丹 2016 年在华留学生总共约 1700 人。在汉语教学方面，2010 年喀土穆大学孔子学院成立以来，累计教授 8000 余课时，培养汉语学员近千人，苏丹喀土穆大学、卡拉里大学、巴哈利学院开设的汉语专业每年培养汉语专业人才逾百人。

此外,其他文化教育交流活动主要如下。2012年5月31日,中国中央电视台代表团访问苏丹。两个国家通过国家电视台的沟通交流为两国人民架起相互了解的桥梁,有利于促进两国友好合作关系的深入发展。2014年7月8日,中国驻苏丹大使馆在"中非民间友好行动"框架下,向苏丹妇女总联盟(简称苏丹妇盟)捐赠了数十台电脑和打印机等办公及培训设备,中国驻苏丹大使罗小光、苏丹妇盟主席伊格拜尔出席交接仪式并签署交接证书。罗小光大使在仪式上高度评价中苏(丹)友谊,希望使馆捐赠的设备能够切实改善苏丹妇盟的办公条件,为苏丹妇女接受计算机基础培训创造更多机会,并强调使馆将在"中非民间友好行动"框架下继续推动落实更多项目,推动苏丹妇女事业向前发展。伊格拜尔主席感谢中方长期以来对苏丹妇盟工作的支持,赞赏中方发起"中非民间友好行动",表示苏丹妇盟愿与中方一道为推动中苏(丹)民间友好做出更多贡献。2016年2月21日,中国驻苏丹大使李连和在苏丹南达尔富尔州首府尼亚拉出席中国驻苏丹大使馆向尼亚拉中苏友谊小学捐赠教学器材交接仪式。2016年7月21~23日,首届"中苏友谊文化周"在喀土穆成功举办,苏丹总统助理、发展对华关系委员会副主席贾兹,苏丹总统助理萨迪克,石油部部长穆罕默德,文化部部长巴达维,路桥部部长马卡维,苏中友协主席穆萨等出席了闭幕式等相关活动。中国驻苏丹大使李连和出席有关活动并在闭幕式上致辞。李大使在致辞中表示,文化交流是两国合作的重要组成部分，在中苏（丹）双方的共同努力下，促进了两国民众的相互了解和交流，充分体现了两国的兄弟情谊，也为两国战略伙伴关系发展增添了新的内涵。

为使两国经贸、文化合作更加适应新形势和新环境，使中苏（丹）经贸合作顺利发展，两国经贸关系变得更加牢固，进而增强中苏（丹）两国间的传统友好关系，应注意以下内容。

1. 要正确看待中苏（丹）经贸合作新形势

苏丹发生分裂是中苏（丹）经贸合作所必须面对的新形势，中国既要冷静了解其不利影响，也要看到变化后的有利因素。对于两国经贸合作的现状和前景，中国应看到挑战与机遇并存，所以要在战略上抱以积极和乐观的态度，努力化解和削减不利影响，争取并利用有利因素，以便继续提升双方经贸合作水平。有关方面应加强对相关情况的了解、跟踪和研究，进行必要的沟通和协调，使两国经贸合作尽快适应新形势并上一个新台阶。

2. 要从具体层面推进中苏（丹）经贸合作

由于原油产能和油气资源的锐减，进一步加快各种自然资源的开发和利用，势必成为苏丹国家发展战略的重要选择。这对两国和两国企业来说，意味着更新、更多的合作机会和商业机遇。中方有关部门和机构要想方设法与苏方沟通，及时了解苏方的有关需求和意愿，并据此与中国有关部门、地方、产业、行业和企业等进行协商、协调和指导，必要时应从具体层面着眼和着手，如个案项目和个案工程之类，要本着互利共赢的原则，与苏方进行对接与合作。

3. 要注重发挥中国穆斯林的作用

苏丹是一个伊斯兰国家，分裂之后其伊斯兰属性将变得更加鲜明，现在苏丹国民中的绝大多数都是穆斯林。目前，中国穆斯林总数已多达 2200 万人，分布于中国各地，包括宁夏等穆斯林聚居地区。自改革开放以来，在中国穆斯林聚居地和穆斯林民众之中，涌现出许多成功、有实力的企业和企业家。所以在今后推进中苏（丹）经贸合作的过程中，要注重发挥中国穆斯林聚居地区企业家的独特作用。对苏方来说，如果中方合作伙伴是来自中国穆斯林聚居地区的企业和穆斯林企业家，则双方在宗教、传统、习俗等方面自然会更为亲近，彼此间的交流与沟通也会相对容易，这有利于增进双方间互信，并给彼此合作带来便利和益处。

4. 要努力促使苏丹与南苏丹合作

苏丹与南苏丹互为邻国，两国的和平与发展息息相关，和则两利，斗则俱伤。虽然目前苏丹与南苏丹之间不但无法进行有效的合作，两国关系还恶化到几乎要重启战端。但作为与苏丹和南苏丹皆有良好关系、在这两个国家都有投资项目的国家，中国可以在两边做促和调解工作。尽管有相当难度，但中国仍必须坚持努力，不放过每一个机会。中国的促和调解工作即便不能在短期内产生重大效果，但中方所表达的善意以及秉持的公正立场，也必定会使苏丹与南苏丹所理解。可以相信，从长远来看，从苏丹、南苏丹和非洲人民的根本利益出发，和平与合作终有一天会成为苏丹与南苏丹双边关系的必然选择。

5. 要避免苏丹产生失落、不满之感

南苏丹独立后，中国与南苏丹之间的各类合作在所难免。基于苏丹与南苏丹间关系失和、紧张甚至对立、对抗的现状，中国在与南苏丹开展各类合作的同时，要尽量避免苏丹产生失落、不安和不满之感：一方面向苏丹做一些必要的解释工作；另一方面继续加强与苏丹的合作，特别是加强中苏（丹）经贸合作，以便让苏丹早日摆脱因国家分裂而面临的困境。中国要以自己的实际行动来证明，中国在任何时候都是苏丹可以信赖的朋友与合作伙伴。

6. 要警惕和防范西方的干扰破坏

一直以来，在如何对待两国关系、两国经贸合作等问题上，西方轻则非议诽谤，重则插手搅局。不仅来自西方的牵扯到中国和苏丹的"攫取资源论""新殖民主义"等的鼓噪和喧嚣不绝于耳，而且就连苏丹分裂的外部重要原因也与某些西方大国有关。所以双方必须保持清醒的认识和必要的警惕，以防范西方对今后经贸合作的干扰破坏。除在涉及两国经贸合作的具体、微观和个案层面加强防范外，两国更要注意西方在以下三个方面的所作所为和动向：一是苏丹的局势能否继续保持稳定；二是苏丹能否避免再次发生分裂；三是苏丹与南苏丹能否和平相处。

经历了分裂之殇的苏丹，仍是一个底蕴厚实、潜力巨大的国家。无论自然资源禀赋，还是在阿拉伯世界和非洲大陆所拥有的地位，苏丹的重要性都依然十分明显。对于中国来说，两国关系的重要性，并未因苏丹分裂而发生根本性变化。当此苏丹面临暂时困难之际，作为好朋友、好伙伴，中国于情于理皆应为苏丹雪中送炭，尽可能给苏丹以更多的帮助和支持，特别是在经贸合作领域，中苏（丹）两国可做的事情还有很多，涉及自然资源和农林牧渔的开发，各类产品的加工，工程项目的承建、承包，以及服务业和金融业等许多方面。就中苏（丹）经贸合作现状和未来而言，总体上是挑战与机遇并存，如果能够正确认识和把握现实，那么必将是机遇大于挑战。双方应想方设法，共同努力，以更加积极和主动的姿态，排除来自各方的干扰和破坏，为两国经贸合作铺就更加宽广的道路，使中苏（丹）经贸合作继续向前推进，为两国人民带来切实的利益。

参考文献

[1] 刘鸿武、姜恒昆编著《列国志·苏丹》，社会科学文献出版社，2008。

[2] 王燕、吴富贵：《发现苏丹之美》，中国市场出版社，2012。

[3] [苏丹]加法尔·卡拉尔·艾哈迈德：《跨越二千年的苏丹中国关系探源求实》，史月译，时事出版社，2014。

[4] 赵国忠主编《简明西亚北非百科全书（中东）》，中国社会科学出版社，2000。

[5] 商务部国际贸易经济合作研究院等：《对外投资合作国别（地区）指南——苏丹（2016年）》，2016。

[6] 《世界分国地图 苏丹 南苏丹》，中国地图出版社，2013。

[7] 《中国—苏丹农业合作发展规划建议（征求意见稿）》，农业部对外经济合作中心，2012。

[8] 童晓光：《21世纪初中国跨国油气勘探开发战略研究》，

石油工业出版社，2003。

[9] 杨期锭、丁寒：《苏丹》，上海辞书出版社，1985。

[10] 宗实：《非洲列国志·苏丹》，世界知识出版社，1965。

[11] 中华人民共和国外交部网站，http：//www. fmprc. gov. cn/web/。

[12] 中华人民共和国驻苏丹共和国大使馆经济商务参赞处网站，http：//sd. mofcom. gov. cn/。

[13] 中华人民共和国驻苏丹共和国大使馆网站，http：//sd. china-embassy. org/chn/。

[14] 中华人民共和国商务部网站，http：//www. mofcom. gov. cn/。

[15] 《美国对苏丹实施严厉制裁封杀石油工业》，新华网，http：//news. xinhuanet. com/a/2011 － 11/02/c － 12726732. htm。

[16] 刘明慧、侯仔明：《中国石油企业海外投资环境分析：以苏丹为例》，《经济论坛》2010 年第 1 期。

[17] 王南：《关于中非农业合作的几点思考》，《非洲研究》2010 年第 1 卷。

[18] 徐国彬、王辉芳、李荣刚：《中国与苏丹农业合作现状与对策探讨》，《世界农业》2012 年第 1 期。

[19] 刘辉：《英国对苏丹殖民政策：特点与影响》，《重庆与世界》（学术版）2015 年第 2 期。

[20] 贾焰、徐继峰：《中国—苏丹农业合作开发区建设的研究》，《世界农业》2015 年第 8 期。

[21] 郑淑娟:《苏丹是阿拉伯国家的菜篮子基地》,《世界热带农业信息》2015 年第 7 期。

[22] 李文:《中苏(丹)石油合作破解"资源诅咒"实现互利共赢》,《WTO 经济导刊》2015 年第 10 期。

[23] 刘中民、范鹏:《对中国外交应对苏丹达尔富尔问题的总结与思考》,《国际观察》2015 年第 5 期。

[24] 李江峰:《中国医疗队在苏丹》,《金秋》2015 年第 19 期。

[25] 李紫恒:《苏丹宣布加强与中国在油气领域合作》,《中国矿业报》2015 年 9 月 10 日。

[26] 孙保利、崔振珺:《苏丹市场:19 年耕耘看收获》,《中国石油报》2015 年 5 月 27 日。

[27] 孟庆璐、李向阳:《苏丹政府举行大会庆祝中苏石油合作 20 周年》,《中国石油报》2015 年 8 月 17 日。

[28] 杜尚泽:《习近平会见苏丹总统巴希尔》,《人民日报》2015 年 9 月 2 日。

[29] 杨彪:《穆巴拉克时期埃及与苏丹关系研究》,山西师范大学硕士学位论文,2015。

[30] 韩晓东:《中国与苏丹石油合作研究》,西北大学博士学位论文,2011。

[31] 海云龙:《中国经济模式对苏丹发展的启示》,兰州交通大学硕士学位论文,2014。

[32] 王南:《对中国—苏丹经贸合作的再思考》,《阿拉伯世界研究》2012 年第 6 期。

图书在版编目（CIP）数据

苏丹经贸文化 / 田晓娟编著. -- 北京：社会科学
文献出版社，2017.12
（阿拉伯国家经贸文化丛书）
ISBN 978-7-5201-1924-5

Ⅰ.①苏…　Ⅱ.①田…　Ⅲ.①苏丹-概况　Ⅳ.
①K941.2

中国版本图书馆 CIP 数据核字（2017）第 297673 号

·阿拉伯国家经贸文化丛书·

苏丹经贸文化

编　　著／田晓娟

出　版　人／谢寿光
项目统筹／祝得彬
责任编辑／王小艳　王春梅

出　　　版／社会科学文献出版社·当代世界出版分社 （010）59367004
地址：北京市北三环中路甲 29 号院华龙大厦　邮编：100029
网址：www.ssap.com.cn
发　　　行／市场营销中心（010）59367081　59367018
印　　　装／三河市尚艺印装有限公司

规　　　格／开　本：889mm×1194mm　1/32
印　张：5.625　插　页：0.375　字　数：100千字
版　　　次／2017 年 12 月第 1 版　2017 年 12 月第 1 次印刷
书　　　号／ISBN 978-7-5201-1924-5
定　　　价／48.00 元

本书如有印装质量问题，请与读者服务中心（010-59367028）联系